NÃO SE PREOCUPE

SHUNMYO MASUNO

NÃO SE PREOCUPE

48 LIÇÕES ZEN PARA ALIVIAR A ANSIEDADE

Tradução
STEFFANY DIAS

Copyright © 2019 by Shunmyo Masuno
Copyright da tradução para o inglês © 2022 by Allison Markin Powell
Edição publicada mediante acordo com Penguin Books, um selo da Penguin
Publishing Group, uma divisão da Penguin Random House LLC, e em
associação com Mikasa-Shobo Publishers Co., Ltd., Tokyo c/o Tuttle-Mori
Agency, Inc., Tokyo

O selo Fontanar foi licenciado para a Editora Schwarcz S.A.

*Grafia atualizada segundo o Acordo Ortográfico da Língua Portuguesa de 1990,
que entrou em vigor no Brasil em 2009.*

TÍTULO EM INGLÊS Don't Worry: 48 Lessons on Relieving Anxiety
from a Zen Buddhist Monk

CAPA Renata Polastri

ILUSTRAÇÃO Letícia Naves

PREPARAÇÃO Silvia Massimini Felix

REVISÃO Angela das Neves e Thiago Passos

Dados Internacionais de Catalogação na Publicação (CIP)
(Câmara Brasileira do Livro, SP, Brasil)

Masuno, Shunmyo
   Não se preocupe : 48 lições zen para aliviar a ansiedade /
Shunmyo Masuno ; tradução Steffany Dias. — 1ª ed. — São
Paulo : Fontanar, 2022.

   Título original: Don't Worry: 48 Lessons on Relieving
Anxiety from a Zen Buddhist Monk.
   ISBN 978-65-84954-01-4

   1. Ansiedade 2. Preocupação 3. Zen-budismo – Ensinamentos I. Título.

22-118376   CDD-294.3927

Índice para catálogo sistemático:
1. Zen-budismo : Ensinamentos 294.3927

Cibele Maria Dias – Bibliotecária – CRB-8/9427

[2022]
Todos os direitos desta edição reservados à
EDITORA SCHWARCZ S.A.
Rua Bandeira Paulista, 702, cj. 32
04532-002 — São Paulo — SP
Telefone: (11) 3707-3500
facebook.com/Fontanar.br
instagram.com/editorafontanar

SUMÁRIO

Prefácio 9

PARTE UM
REDUZA, DESAPEGUE, DEIXE PARA TRÁS
O jeito zen de se livrar de angústias e preocupações.

1. Não se iluda 15
2. Concentre-se no "agora" 18
3. Não se sobrecarregue ou se deixe abater 21
4. Reduza a sua quantidade de pertences 24
5. Simplesmente seja quem você é 27
6. Mude a sua perspectiva 30
7. Seja agradável 33
8. Reconheça as suas limitações 36

PARTE DOIS

CONCENTRE-SE APENAS NO QUE
VOCÊ PODE CONQUISTAR AQUI E AGORA

Assim, você vai parar de pensar em coisas desnecessárias.

9. Reconsidere o óbvio 41
10. Não se apresse, não entre em pânico 43
11. Responda de maneira positiva 46
12. Aprecie a manhã 49
13. Viva de acordo com os seus próprios padrões 53
14. Não vá em busca do que é desnecessário 56
15. Sempre dê o seu melhor 59
16. Não ignore os seus sentimentos 62
17. Torne as suas noites tranquilas 65

PARTE TRÊS

PARE DE COMPETIR, E AS COISAS VÃO SE ENCAIXAR

"Cada um é cada um, e eu sou quem eu sou."

18. Não se concentre em vitórias ou derrotas 69
19. Persevere, devagar e constante 72
20. Experimente a gratidão 75
21. Use as palavras certas 78
22. Deixe os jovens assumirem o controle 80
23. Aceite as circunstâncias, sejam elas quais forem 82
24. Faça hoje o que deve ser feito hoje 85
25. Simplesmente não fuja 88
26. Seja mais tolerante 90
27. Siga o fluxo 93
28. Não fale por falar 95
29. Ajuste a sua respiração 98
30. Altere o "ar" de casa 101

PARTE QUATRO

DICAS SURPREENDENTES PARA APRIMORAR AS RELAÇÕES
Como fomentar boas conexões e eliminar as ruins.

31. Aprecie as suas conexões 107
32. Faça boas conexões 110
33. Dê a preferência aos outros 113
34. Não exerça a lógica 116
35. Passe dez minutos por dia em contato
    com a natureza 119
36. Faça com que as pessoas queiram ver você de novo . . 122
37. Admita os seus erros na mesma hora 125
38. Não hesite em pedir ajuda 128
39. Seja um bom ouvinte 130
40. Não tome decisões com base em lucros e perdas . . 133

PARTE CINCO

TRANSFORME A SUA MANEIRA DE ENCARAR AS COISAS, E A SUA VIDA SERÁ BEM MELHOR
Sobre dinheiro, envelhecimento, morte e mais.

41. Dinheiro 139
42. Envelhecendo 142
43. A longeva idade 144
44. Amor 146
45. Casamento 149
46. Filhos 152
47. Morte 155
48. O fim 158

Índice de zengos ou provérbios zen 161
Sobre o autor 163

PREFÁCIO

Elimine as coisas das quais você não precisa.
Viva uma vida absolutamente simples,
livre de preocupações e angústias desnecessárias.
Não se deixe afetar pelos valores alheios.

Eu espero que este livro ajude você a fazer tudo isso.

Sou um sacerdote zen-budista, e por isso muitas pessoas me procuram em busca de conselhos para resolverem seus problemas. A variedade dos assuntos é infinita, mas, se eu fosse generalizar, poderia defini-los como angústias, preocupações e incertezas.

Ao ouvir atentamente essas inquietações, eis o que percebo: quase todas elas são na verdade ilusões, suposições, falsas impressões ou medos imaginários. É possível inclusive afirmar que lhes falta certo fundamento.

"Como você pode fazer tão pouco-caso", alguns podem me questionar, "quando não é você quem está passando por isso?" Ou então: "Estou tão aflito com essa situação que nem consigo comer!".

É como o provérbio que diz que o fantasma que vemos no campo é, na verdade, apenas capim japonês. Ou seja, não há motivo para temer o que pode parecer um fantasma, mas que, na realidade, são hastes secas. Essas coisas que nos aprisionam e assolam o nosso espírito não são muito diferentes. O certo é que, se olharmos para elas de maneira objetiva, descobriremos que muitas vezes nos permitimos ser atormentados por sombras que não existem.

* * *

Talvez soe familiar: você estava preocupado com alguma coisa quando um acontecimento ou comentário aleatório fez com que percebesse o quanto aquilo era insignificante, e então você se surpreendeu ao se dar conta de que de repente se sentia bem mais leve.

Os ensinamentos zen são um tesouro para esse tipo de percepção.

Eu me pergunto o que você pensa quando ouve a palavra "zen". Talvez evoque um mundo esotérico de ideias profundas e afetadas. É verdade: às vezes nos envolvemos mesmo em conversas abstratas sobre os koans zen. Mas não é só isso.

Os ensinamentos zen podem ser bem acessíveis. Eles têm uma relação direta com a nossa vida diária.

Por exemplo, quando entrar em casa e tirar os sapatos, deixe que eles fiquem perfeitamente alinhados. Até mesmo algo simples assim tem raiz no zen: é um exemplo prático do provérbio "Olhe com cuidado para o que está sob os seus pés".

No zen, usamos frases e provérbios chamados *zengos* como parte do nosso treinamento. O zengo deriva de anedotas e escrituras para nos ajudar a compreender a sabedoria e a prática do zen. Você vai encontrá-los no decorrer deste livro e reunidos no índice ao final.

Outro zengo, "Coma e beba de todo o coração", nos ensina a não nos distrairmos com coisas desnecessárias. Quando tomar uma xícara de chá, concentre-se apenas em beber o chá. Quando fizer uma refeição, concentre-se apenas em comer.

Essas dicas podem parecer triviais, mas, se tentarmos com afinco pôr esses hábitos em prática, seremos capazes de nos concentrar no aqui e no agora. Ao fazer isso, nos livraremos da ansiedade desnecessária, e a nossa mente poderá se acalmar.

Então, em vez de sofrer por algo que pode acontecer no futuro, vamos nos concentrar no aqui e no agora. O objetivo é reduzir, desapegar, deixar para trás... Ao fazer isso, seremos capazes de desfrutar de uma versão mais calma, mais relaxada e mais positiva de nós mesmos.

Gassho

SHUNMYO MASUNO

PARTE UM

REDUZA, DESAPEGUE, DEIXE PARA TRÁS

O jeito zen de se livrar de angústias e preocupações.

I

NÃO SE ILUDA

O zen nos ensina a não nos compararmos com os outros.

Existe um zengo que diz: "Não iluda a si mesmo".

Ou, de maneira mais simples: "Não crie ilusões".

Você pode pensar que as ilusões se referem a vários produtos da imaginação. Mas, no zen, o conceito de ilusão tem um significado muito mais amplo e profundo.

O que estiver ocupando a sua mente, prendendo-se ao seu coração e aprisionando você — tudo isso são ilusões.

Desejos egoístas por isso ou aquilo, apegos dos quais não queremos abrir mão — não passam de ilusões.

Inveja e insegurança — também são ilusões.

Obviamente, é impossível se livrar de todas as ilusões que se alojam na nossa mente. Esse é o grau alcançado por Buda. Como seres humanos, devemos aceitar que sempre teremos ilusões na mente e no coração.

O importante é reduzir essas ilusões o máximo que pudermos. Somos todos capazes de fazer isso. Mas, para tanto, precisamos discernir o verdadeiro caráter dessas ilusões.

Há uma famosa citação de Sun Tzu: "Conheça seu inimigo, conheça a si mesmo, e não temerá o resultado de cem batalhas". Isso quer dizer que, se não conhecer seu inimigo, você não saberá o que deve fazer para enfrentá-lo.

Qual é a origem dessas ilusões?

É uma forma de pensar que divide as coisas em pares opostos. Estabelecemos esquemas binários como vida e morte, vencer e perder, beleza e feiura, rico e pobre, lucro e prejuízo, amor e ódio.

A morte é encarada como algo que entra em conflito com a vida, e, quando ambos são comparados, vemos a vida como sagrada e preciosa, enquanto a morte é vazia e trágica.

"Esse sujeito é um sortudo. Eu não tenho sossego."

"Por que estou sempre perdendo e ela vive ganhando?"

Uma única experiência contamina todas as outras. Aplicamos essa perspectiva nos mais variados aspectos da nossa vida. A inveja e os sentimentos de autocomiseração vão nos tomando até que sejamos consumidos por eles.

De fato, é possível até dizer que somos controlados pelas pessoas que estão ao nosso redor, que somos dominados pelas nossas ilusões.

Mas se pergunte: o que ganhamos quando nos comparamos com os outros?

Há um zengo que diz: "Depois que somos iluminados, não existem favoritos". Se o aplicarmos às relações humanas, talvez possamos aceitar os outros como eles são, quer gostemos deles ou não (quer sejam melhores que nós ou não), sem sermos controlados pelas nossas emoções.

Dogen Zenji, fundador da escola Soto de zen-budismo, afirmou: "As ações das outras pessoas não são as minhas". Ele nos ensina que aquilo que os outros fazem não tem relação com o que nós fazemos. Os esforços alheios não determinam o nosso progresso. A única maneira de conseguirmos algo é a partir de nossos próprios esforços.

O zen nos ensina que a existência de cada coisa e de cada ser é singular, única — não há comparação.

Isso vale para você e para todas as outras pessoas.

Não existe comparação. Quando tentamos comparar as coisas que não têm comparação, nos preocupamos com o que é irrelevante, e é isso que gera as angústias, a preocupação e o medo.

Quando você parar de se comparar, verá que noventa por cento das suas ilusões desaparecerão. Seu coração se tornará mais leve. A vida será mais tranquila.

"Não se iluda" — pense nessas palavras de tempos em tempos. Deixe que elas o animem a dizer: "Eu acredito em mim mesmo. Sem me comparar com ninguém".

2

CONCENTRE-SE NO "AGORA"

É importante valorizar a si mesmo.

Algumas pessoas remoem memórias. É possível até dizer que estão presas ao passado.

Existe um zengo que diz: "More na sua respiração". De maneira literal, significa viver o momento em que você está inspirando e expirando o ar, da forma mais consciente que puder.

Isso também reverbera o conceito budista de "habitar os três mundos".

Os três mundos são o passado, o presente e o futuro. Vivemos em conexão com esses três mundos, embora, enquanto estejamos no presente, o passado esteja morto e o futuro ainda vá nascer.

É como explicamos o conceito budista de samsara, o ciclo de morte e reencarnação — tudo que nasce morre, e tudo que morre renasce. Em outras palavras, não faz sentido remoer o passado, que está morto e enterrado, ou se preocupar com o futuro, que ainda vai nascer, antes que ele chegue.

Ou seja, tudo o que importa é como vivemos aqui e agora.

Existe um poema de três versos, também conhecido como *senryu*, que diz:

Até mesmo uma vasilha lascada
Já foi uma cerejeira
No monte Yoshino

Aquilo que agora parece um utensílio de cozinha gasto já foi uma magnífica cerejeira florida no monte Yoshino, onde multidões de admiradores se maravilhavam com a sua beleza.

As glórias e as honras do nosso passado deram origem ao nosso presente.

Mas a questão não são apenas as cerejeiras de Yoshino. Parece que algumas pessoas nunca perdem a chance de falar sobre o seu passado brilhante.

"Eu tive um emprego muito importante."

"Quem fez daquele projeto um sucesso fui eu."

Claro que é importante reconhecer a satisfação sentida por um trabalho bem realizado. Também é agradável celebrar as vitórias. Mas será que é bom se prender tantas vezes a eventos do passado? Vamos mudar um pouco de perspectiva.

"Essa história de novo, não. É tão entediante e monótona!"

Você já ouviu algo assim?

Na verdade, é desagradável ter que ouvir tantas e tantas vezes histórias intermináveis de coisas incríveis que já aconteceram. E também não é ruim mesmo para quem conta a história? Não é difícil pensar que a pessoa esteja infeliz.

A fixação no passado é um indício da falta de confiança no presente. É assim que a ansiedade, as preocupações e o medo invadem o nosso coração e a nossa mente. É possível inclusive dizer que é a mesma coisa que sabotar o presente.

Vou repetir, para que fique gravado na sua mente: tudo o que importa é como vivemos aqui e agora. Se você lamen-

tar o fato de que o presente não passa de uma vasilha lascada (ou um emprego sem perspectiva, ou...), isso só vai aumentar a sua infelicidade. Até mesmo uma vasilha lascada
pode conter uma deliciosa sopa que aquece a alma.

Então vamos ser a melhor vasilha lascada que pudermos!

Isso é morar na respiração.

3

NÃO SE SOBRECARREGUE
OU SE DEIXE ABATER

*Crie um espaço em casa
onde possa acalmar o seu espírito.*

Você tem um "recinto espiritual"?

Antigamente, em quase todo lar japonês havia um altar ou um santuário. Era comum que, todos os dias, cada membro da família se postasse diante dele oferecendo incensos (caso fosse um altar budista) e depois unisse as mãos.

As crianças aprendiam a prática ao observar os pais e os avós — as mãos unidas em oração e adoração —, e assim cultivavam a reverência feita aos ancestrais. Talvez você também ache que essa é uma das tradições mais perfeitas do Japão, um belíssimo ritual.

Naquela época, quando um membro da família montava a sua própria casa, a primeira coisa que fazia era erguer um altar e dar as boas-vindas aos ancestrais no seu novo lar. Dessa forma, em toda casa havia um altar, e os ancestrais estavam presentes no cotidiano de cada família.

Mas, hoje em dia, quantas pessoas têm um altar em casa? Se contarmos apenas quem vive nas cidades, é provável que esse número seja muito baixo. No entanto, apesar de a situação imobiliária ser um fator a ser considerado, existe uma razão maior para isso.

Grande parte dos habitantes das grandes cidades se estabeleceu lá depois da guerra, deixando o lar na juventude para viver nos centros urbanos. Para essas pessoas, os ancestrais permaneciam na sua cidade natal, protegendo os seus pais ou os chefes da família, e assim elas não acreditavam que Buda estivesse presente na sua vida diária.

Existe também a possibilidade de que tenham se mudado antes que a família tenha tido a chance de transmitir o conhecimento necessário sobre os seus ancestrais, então, para elas, era natural não ter um altar em casa. Ao longo das gerações, a nossa bela tradição está se perdendo.

Não consigo deixar de pensar que isso também tem relação com o senso de desilusão que as pessoas têm hoje em dia.

O ato de unir as mãos diante dos ancestrais não é apenas um ritual cerimonial. É uma maneira de expressar gratidão pela vida que temos, por tudo que foi passado de geração em geração. Ninguém estaria aqui se não fossem os seus ancestrais.

Começo todas as manhãs unindo as mãos e reverenciando: "Sou grato por receber mais um dia com boa saúde". E toda noite, com as mãos unidas de novo, transmito a minha apreciação: "Sou grato por ter concluído mais um dia".

Às vezes, converso com os meus ancestrais.

Cada um de nós tem as mais variadas experiências ao longo do dia. Problemas acontecem no trabalho, e relacionamentos se complicam; são coisas que nos afligem e abatem o nosso espírito.

Você pode abrir o coração para os seus ancestrais sobre tudo isso. É impressionante como podemos ser nós mesmos na presença dos nossos ancestrais. Claro que eles não vão oferecer uma resposta, mas, tirando o peso dos seus sentimentos, você irá se sentir mais pacífico e calmo, capaz de apaziguar as aflições e encarar as coisas de maneira mais positiva.

Também podemos dizer que o tempo que passamos com os nossos ancestrais é uma oportunidade para acalmar o nosso espírito. E, se você não quiser juntar as mãos em gratidão, bem, perderá uma oportunidade de tranquilizar a mente.

Pode não parecer tão fácil montar um altar. Mas não é necessário pensar demais nos detalhes. Você pode simplesmente pendurar fotos dos seus ancestrais. Escolha um local na sua casa onde você possa se sentar. Quando sentir o coração pesado, ou algum tipo de angústia, vá até lá e fique ali um tempo, com as mãos unidas, até aliviar o seu pensamento. Com certeza, ao fazer isso, a sua mente vai se acalmar, e você terá uma perspectiva mais positiva das coisas.

Esse lugar, mesmo ocupando um espaço tão pequeno na sua casa, terá um efeito imenso no seu espírito. O que estiver afetando a sua mente e afligindo o seu coração vai desaparecer.

Isso é ter um recinto espiritual. Aconselho você a montar o seu.

4

REDUZA A SUA QUANTIDADE
DE PERTENCES

Isso vai tornar a sua mente e o seu corpo mais leves.

Quando compramos coisas, pode ser difícil abrir mão delas. Todos já nos sentimos assim, de um modo ou de outro. Na verdade, nos livrar do tanto que temos é uma maneira de aliviar o estresse.

É comum as pessoas dizerem: "A minha casa está completamente entulhada. Não sei quando comprei tanta coisa".

Quando nos mudamos, a nossa nova casa costuma ficar limpa e arrumada por um tempo, mas, antes que possamos perceber, estará lotada de coisas; terá se tornado um lugar impossível de relaxar.

Isso pode ser angustiante. Não estou falando de acumuladores que vivem em "mansões de lixo", mas acho que todos temos alguma experiência nesse assunto.

O motivo é muito óbvio. É por causa da dificuldade de nos desfazermos das coisas quando não queremos abrir mão delas.

No zen, existe uma palavra para designar o ato de doação: *kisha*. Significa abrir mão de algo de maneira voluntária, sem arrependimento. É como descrevemos o ato de deixar moedas quando visitamos um templo ou um santuário.

Por que alguém ficaria feliz ao abrir mão de algo tão valioso como dinheiro?

O motivo é que, quando doamos nossas coisas, nos livramos de sentimentos de apego. Já que os apegos tendem a deixar a nossa mente atribulada, abrir mão desses sentimentos nos traz felicidade.

Isso também se aplica às coisas.

Dê uma olhada ao seu redor. Você tem roupas guardadas que não usa há anos? Bolsas que só usou uma ou duas vezes, ou objetos sem valor que ocupam um espaço precioso?

"Algum dia eu vou usar..."

Essa justificativa sempre surge quando queremos guardar alguma coisa. Mas, se você nem pensou naquele objeto nos últimos três anos, acredita mesmo que o ímpeto de usá-lo ainda vai aparecer? Você acha que ainda vai usar uma bolsa que está guardada há cinco anos? Provavelmente, a resposta é não.

Se você reconhece esse sentimento, deve desapegar e ousar se livrar de algumas das suas coisas. Isso pode ser angustiante para quem é contra o desperdício. E é verdade, jogar coisas fora pode parecer um desperdício. A questão é como você vai desapegar.

Se for útil para algum amigo seu, você pode doar para ele ou para uma instituição de caridade. Outro bom local para praticar o desapego são feiras ou lojas de segunda mão. Essas opções unem o objetivo de não querer desperdiçar com o espírito *kisha* de doação.

Quando você se desfaz daquilo que não usa, abre espaço, o que irá deixar a sua casa mais confortável e melhorar o seu dia a dia, afetando, de maneira positiva, a sua saúde física e mental.

Você pode, e deve, ficar com algumas coisas, mesmo que nunca sejam usadas. Isso inclui lembranças e recordações herdadas de pais ou avós, ou objetos adquiridos especificamente para a família ou para comemorar momentos especiais. O desafio é determinar o que pertence a cada categoria.

Na minha opinião, o importante é a maneira como você se sente em relação a cada coisa. Quando você segura o objeto na mão, tem boas memórias com ele? Isso aquece o seu coração? Você se lembra da pessoa que lhe deu aquilo e fica feliz? Você se sente bem?

Isso não tem nada a ver com valor monetário. Vale a pena guardar algumas coisas, não importa o quanto estejam velhas ou gastas, ou mesmo quebradas. Nesse caso, não são apenas "coisas"; têm relação direta com a nossa vida. Encontre uma bela caixa para guardar e preservar esses objetos.

No zen, existe o conceito de "caminhar de mãos dadas". É um lembrete para passarmos nossa vida ao lado das pessoas em quem confiamos de verdade, incluindo nós mesmos. As coisas que nos permitem preservar nossas memórias também são responsáveis por esse sentimento.

5

SIMPLESMENTE SEJA QUEM VOCÊ É

*Não se concentre nas coisas que você
não pode controlar.*

Dedique cada partícula do seu ser no que quer que esteja fazendo.

Eis uma maneira admirável de passar pela vida.

Mas, para viver dessa forma, precisamos nos lembrar de uma coisa: há coisas no mundo sobre as quais não temos controle.

Você costuma pensar que deve dar tudo de si? Que, não importa o que aconteça, as coisas precisam ser feitas do seu jeito?

Ainda assim, há situações que estão mesmo fora do nosso controle. Podemos voltar toda a nossa energia para algo, podemos dar a nossa alma, mas nada vai mudar. Por mais que nos esforcemos, vamos apenas nos esgotar e sofrer.

A única vida que temos está cheia de coisas que não podemos controlar. Você é capaz, por exemplo, de parar os batimentos do seu coração? Ele bate por conta própria, e você não pode fazer nada para impedir. A vida é feita de coisas sobre as quais não temos controle algum, coisas que estão fora do nosso alcance.

Há um motivo para que, no budismo, acreditemos que somos guiados por uma força maior que nós — seja uma realidade macrocósmica ou a natureza de Buda —, algo maior que o nosso poder de autoridade.

Quando compreendemos que a força da vida está além do nosso controle, fica mais fácil reconhecer quantas coisas caem nessa mesma categoria. Não é um alívio saber que não precisamos nos exaurir?

Então é melhor aceitar as coisas que fogem ao nosso controle. Por mais que cuidemos da nossa saúde, ainda assim podemos nos ferir ou adoecer.

Podemos até reclamar: "Eu estava cuidando tanto da saúde, mas mesmo assim fiquei doente. Acho que não fiz o bastante". E não aceitamos o fato de que estamos doentes. Não faz sentido algum. Pior: quando nos culpamos e nos condenamos, passamos a pensar de maneira cada vez mais negativa.

Os caracteres da palavra japonesa para "doente", 病気 (*byoki*), ilustram que é o nosso espírito que está abatido. Assim, quando ficamos doentes, o nosso espírito padece, afetando então a nossa condição física.

Muitas vezes, quando nos ferimos, uma parte do nosso corpo é comprometida. "Ah, eu não consigo me mover como antes... Por que isso teve que acontecer comigo?" Maldizer o seu destino não vai restaurar a sua capacidade física. Só vai tornar os seus dias mais sombrios.

São instâncias sobre as quais não temos controle. Só podemos aceitar. Você pode até tentar resistir, mas, no fim, precisará aceitar.

Já que as coisas são como são, por que não aceitar logo? Do jeito que você é, sem alterações — este é o seu verdadeiro eu. É tudo o que nós podemos ser.

Quando você passa a aceitar as coisas sobre as quais não tem controle algum, é capaz de viver com as circunstâncias.

Você pode encarar o que o seu verdadeiro eu — como você é, sem alterações — consegue fazer. Não vai mais ficar preso em coisas que estão além do seu controle, e poderá lidar com os fatos a partir de uma perspectiva otimista.

Eu usei o exemplo da saúde, mas, é claro, em cada situação há inúmeras coisas sobre as quais você não tem nenhum poder. Em vez de se concentrar nessas outras coisas, preste atenção no que você é capaz de controlar.

6

MUDE A SUA PERSPECTIVA

*Você vai eliminar noventa por cento
das suas preocupações nos relacionamentos pessoais.*

As nossas relações pessoais podem ser bastante complexas.

É possível dizer que a maioria das angústias, preocupações e medos que nos assolam tem a ver com as nossas relações pessoais. Colegas de trabalho, da escola, da comunidade, amigos, família, irmãos, parentes — existem várias camadas de relacionamentos. E, às vezes, elas se complicam e causam angústias que afetam a nossa mente.

"A minha chefe e eu não concordamos em nada. Por mais que eu tente, não consigo fazer as coisas darem certo."

"Estou tentando ser compreensivo, mas o meu amigo não é confiável."

"Parece que a minha vizinha está sempre me evitando."

Quando ficamos afundados em pensamentos negativos, pode ser bem difícil dissipá-los. Na verdade, o mais comum é que eles se intensifiquem.

A chefe com a qual você não consegue concordar torna a convivência insuportável; você começa a questionar o caráter do amigo que não é confiável; a vizinha que te evita parece não ir muito com a sua cara... Quando você repete esses pensamentos, a tendência é ter uma perspectiva negativa.

Mas, se você parar e investigar onde eles começaram, vai ver que a origem é quase sempre algo mínimo. Você e a sua chefe tiveram uma pequena divergência de opinião em uma reunião; o seu amigo sem querer esqueceu o encontro que marcou com você; e uma vez você não respondeu ao cumprimento da sua vizinha...

Essas situações são todas triviais e, em cada uma delas, só um lado da outra pessoa foi levado em consideração.

É a isso que me refiro quando digo que é preciso mudar de perspectiva, pois é importante compreender a origem do que está acontecendo. Pode não parecer tão importante, mas, se você deixar pensamentos ruins dominarem a sua mente, eles poderão causar sérios problemas.

Por exemplo, você já passou por algo assim? Você está prestes a conhecer um novo funcionário que chegou à empresa, e alguém lhe passou algumas informações sobre ele. "Pois é, ele tem fama de ser uma pessoa difícil. Você vai conhecê-lo amanhã? Bem, tenha cuidado. Mas talvez dê certo."

Não vai dar certo. O funcionário novo já foi taxado de "difícil". Já podemos imaginar como vai ser a reunião. Mesmo levando em conta qualquer sentimento de cautela ou nervosismo, não importa quão amistoso ele seja, vai ser quase impossível conhecê-lo de verdade. Você estará contaminado pelo seu preconceito, e irá lidar com ele de maneira defensiva, o que pode acabar por ofendê-lo.

No zen, costumamos dizer: "Mude a sua perspectiva". É um forte conselho para evitar julgar as pessoas se baseando em noções preconcebidas.

Se você avaliar alguém a partir de um fragmento de informação, uma percepção ou um sentimento negativo formado a partir de uma única faceta que viu dessa pessoa, inevitavelmente você vai julgá-la mal.

Primeiro, mude a sua perspectiva.

Depois, repita o seguinte ditado zen na sua cabeça: "Todos os seres sencientes, sem exceção, têm a natureza de Buda".

Ou seja, todos nós temos a capacidade de alcançar a pureza inerente e a perfeição de mente que é a natureza de Buda. "O que eu vi foi apenas um aspecto dele. Da próxima vez, vou procurar sua natureza de Buda."

O zen nos leva a crer que todos temos a natureza de Buda (bondade e compreensão, afeição e magnanimidade), e que, se tentarmos encontrá-la nas pessoas, ela irá reverberar no nosso próprio coração.

Quando mudamos de perspectiva e vemos as coisas de maneira mais nítida, não deixamos de perceber os vislumbres da natureza de Buda nos outros.

No momento em que você conseguir ver as várias facetas das pessoas, poderá descobrir que a chefe que não concordava com você agora te favorece, mesmo sendo exigente; que o amigo não confiável é bom e querido, mesmo que seja um pouco disperso; e que a vizinha que estava te evitando pode ser um pouco tímida, mas é gentil e tem um coração de ouro.

Espero que você perceba que o que está por trás desses sentimentos negativos é apenas você com sua perspectiva antiga. A partir do momento em que você conseguir transformá-la, verá as coisas de maneira muito diferente.

A natureza de Buda nos outros vai ficar mais aparente para você. Quando ela for revelada, a irritação e a frustração que você sentiu, assim como as angústias, as preocupações e os medos nos seus relacionamentos, vão desaparecer antes que você perceba.

7

SEJA AGRADÁVEL

Pratique a renúncia,
não importa a sua posição ou o seu status social.

Quanto mais nos agarramos às coisas, mais os nossos medos desnecessários se intensificam.

Todo mundo tem um status no trabalho ou ocupa alguma posição na sociedade. É importante correspondermos às expectativas, mas às vezes acabamos nos preocupando com elas de maneira excessiva. Isso pode ser problemático.

Digamos que alguém no seu trabalho tenha assumido o cargo de gerente ou vice-presidente, e tudo o que importa para ele é manter essa posição. Essa pessoa começa a agir como se tivesse desejado ocupar aquele cargo por muito tempo, e, agora que conseguiu, nunca vai abrir mão dele.

Não é preciso dizer que tal comportamento é prejudicial à empresa. Tem um efeito negativo no treinamento e no desenvolvimento dos subordinados e estimula um ambiente menos receptivo.

Um líder que tem um apego desmedido ao seu status ou posição pode ser desprezado pelos subordinados — embora muitas vezes ele seja o único a não perceber.

Não existe um zengo para isso, mas, no *Livro dos documentos*, um dos Cinco Clássicos do confucionismo, está escrito: "O orgulho leva ao fracasso, e a humildade é recompensada".

Em outras palavras, uma pessoa arrogante, que pensa muito de si mesma, está fadada ao fracasso, enquanto uma pessoa modesta atrai benefícios.

E é importante, quando a hora certa chegar, praticar a renúncia com gentileza, em vez de ficar apegado à posição que você ocupa.

Em muitas empresas, um líder não tem a autoridade de escolher quem vai assumir o seu lugar quando ele se aposentar. Mas ele pode começar a delegar funções aos subordinados, como deixar que finalizem negociações com clientes, ou repassar algumas das suas responsabilidades para um comitê, ou permitir que haja uma rotação de colaboradores na condução da reunião da equipe. Há muitas possibilidades.

Dividir as responsabilidades não significa que os seus subordinados vão tomar o seu lugar. E, admita, você acumulou anos de experiência nesse cargo. Sua experiência lhe dá uma vantagem — você é capaz de oferecer um treinamento valioso e uma perspectiva única.

Quando os seus subordinados não precisarem mais responder a você ou receberem novos projetos designados por você, alguns podem se sentir perdidos, ficar ansiosos ou precisar de um tempo para se adaptar. Nesse período, o que eles mais vão querer é um treinamento vindo de alguém com experiência. Isso vai fazer com que desenvolvam as suas habilidades e percebam o potencial que têm.

O oposto de um líder odiado por todos é aquele que se mostra confiável e inspirador. E, é claro, não é preciso dizer que ele também colabora para fortalecer a empresa.

Quanto mais você acredita que precisa defender o seu status e o seu cargo, mais você planta sementes de preocupação desnecessária, e será mais difícil encontrar paz de espírito.

Se você for capaz de delegar as tarefas com facilidade, sem apego ao seu cargo, as sementes da preocupação que tanto incomodavam vão desaparecer sozinhas, e você terá uma perspectiva mais ampla e um coração mais leve.

Aqui vai um poema de morte escrito por Hosokawa Gracia, que, antes de ser capturada, foi morta pelo samurai que protegia a sua família:

Neste mundo, saber o exato momento em que vão cair é o que permite que as flores deem o máximo de si. Assim acontece também conosco.

Não é revigorante ver alguém que sabe quando é a hora de renunciar e passar a vez para outra pessoa?

8

RECONHEÇA AS SUAS LIMITAÇÕES

*Só podemos trabalhar com as nossas
próprias habilidades.*

O que a palavra "limitação" significa para você?

Provavelmente, tem uma conotação negativa. Mas vamos tentar encará-la de maneira positiva. Por exemplo, é fundamental saber quais são as suas habilidades quando se trata de fazer o seu trabalho.

Surpreendentemente, muita gente não tem consciência disso. Não são poucas as pessoas que aceitam ofertas de emprego sem considerar se estão aptas para realizar aquele trabalho. No entanto, as pessoas só podem trabalhar com o que sabem fazer. Se a função exigir habilidades além das suas capacidades, elas não conseguirão executar o serviço e não terão bons resultados. E isso pode ser prejudicial.

O que geralmente acontece é que, quando não conseguimos realizar as tarefas, nós nos atormentamos, ficamos impacientes, irritados, desapontados e até mesmo tristes. Isso representa um grande fardo espiritual para nós.

A chave para não cair nessa armadilha é conhecer as suas limitações e saber quando elas serão testadas. Consegue entender? Conhecer as suas limitações significa também saber as suas habilidades — ou seja, saber até onde elas podem levar você.

Aqueles que conhecem as próprias limitações não estão em falta com nada — vão fazer o que se espera deles. É uma questão de confiabilidade. De modo consciente ou não, raramente se vangloriam ou se engrandecem, e as outras pessoas costumam confiar neles.

Eles evitam ultrapassar os seus limites. Como resultado, evitam estresse desnecessário e falta de confiança em si próprios. E assim podem viver de maneira mais tranquila.

Quando você encara as coisas dessa forma, conhecer as suas limitações é uma forma importante de encontrar equilíbrio.

No entanto, eu gostaria de acrescentar outro ponto de vista. É sobre a maneira como você encara as suas limitações.

"Será que é melhor que eu não me desafie a ir além das minhas habilidades?"

Esse é um modo de pensar, mas há uma maneira mais livre de encarar as coisas. O que estou querendo explicar é que é importante que você veja o seu potencial.

Por exemplo, você entende que a sua habilidade está no nível 10, mas e se você receber uma proposta de emprego que peça alguém do nível 12? Você recusaria a oferta supondo que o trabalho está além das suas habilidades?

Nesse caso, talvez exista uma distância entre as suas habilidades e o que é requerido no emprego. E talvez você, no nível em que está, sinta alguma dificuldade para executar o trabalho, mas, se tiver motivação para se desafiar e estiver disposto a se empenhar, é possível que consiga cobrir a diferença. Eu acredito que vale a pena tentar ultrapassar esse limite.

Por outro lado, se o trabalho requer um nível 15 ou 18, então você, como 10, estará completamente inapto — você não vai conseguir realizar essa façanha. Mas, se o desafio é passar do nível 10 para o 12, vale muito a pena se aventurar além das suas limitações. Pelo menos, é o que eu penso. O que você acha?

Quando você chegar ao próximo nível, terá mais confiança em si mesmo. E, é claro, as suas habilidades serão expandidas. Naturalmente, o limite seguinte será bem maior. Mas você será capaz de ultrapassá-lo e continuará desafiando a si mesmo.

É importante conhecer as suas limitações. Mas também é vital prestar atenção ao próximo limite.

Espero de verdade que você guarde essas palavras no seu coração.

PARTE DOIS

CONCENTRE-SE APENAS NO QUE VOCÊ PODE CONQUISTAR AQUI E AGORA

*Assim, você vai parar de pensar
em coisas desnecessárias.*

9

RECONSIDERE O ÓBVIO

*Você verá que a felicidade
pode ser encontrada no presente.*

"Temos a tendência de não apreciar as coisas óbvias da vida."

Sempre falo sobre isso nas minhas palestras, mas o melhor exemplo de algo ao qual não damos o devido valor talvez seja a existência dos nossos pais.

É uma dádiva que os pais estejam presentes, que eles se devotem aos filhos, que os protejam e socorram, seja de maneira discreta ou mais aberta. Muitas vezes, apenas quando os nossos pais se vão é que pensamos em como éramos afortunados em ter essas "dádivas".

"Eu me sinto triste com o falecimento da minha mãe, principalmente quando lembro que ela sempre me mandava a minha comida favorita da minha cidade natal."

"Eu não sabia o quanto era difícil lidar com os nossos parentes. Era o meu pai quem sempre resolvia tudo. Nunca pensei no quanto isso pode ter sido um fardo para ele."

Seja de maneira tangível ou não, nós não percebemos o quanto dependemos dos nossos pais. Tudo o que fazem por nós — e que não valorizamos — são evidências da grandeza deles, e muitas vezes não reconhecemos isso.

Ekiho Miyazaki, abade de um templo Soto Zen, dizia: "Há um modo certo para fazer cada coisa, na hora certa e no lugar certo". Até mesmo depois de completar cem anos, Miyazaki Zenji manteve as mesmas práticas ascéticas dos monges mais jovens.

Sei que as palavras dele parecem óbvias. Mas acredito que ele quis dizer que devemos todos ser mais gratos ao perceber que esse estado de obviedade, em si, é a iluminação zen.

E se pararmos para reconsiderar as coisas que não valorizamos? Nos levantamos e o café da manhã está pronto. Vamos para o trabalho e a nossa mesa está arrumada. Quando algo acontece, de bom ou ruim, chamamos os amigos, e eles vêm nos encontrar. Percebemos, só de olhar os nossos filhos dormindo, que estão crescendo bem e saudáveis.

Essas coisas óbvias que estão aqui e agora. O quanto elas nos sustentam e nos fortalecem, oferecem conforto, encorajamento e inspiração?

Peço que você passe a notá-las. Ao fazer isso, você passará por uma intensa transformação espiritual. A irritação que sentia em relação à sua família, ao trabalho feito de forma descuidada, ao amigo que não estava lá... tudo vai desaparecer. Você será preenchido pelo momento, aqui e agora.

Quando você começar a apreciar as coisas para as quais nunca deu valor, logo passará a sentir gratidão por tudo, até mesmo por coisas entediantes, irritantes e desanimadoras. Com essa atitude em mente, você será sempre uma pessoa grata, e isso terá um impacto profundo na sua vida.

IO

NÃO SE APRESSE,
NÃO ENTRE EM PÂNICO

Uma vez por dia, faça questão de fazer uma pausa.

"Passei a vida inteira correndo atrás dos meus objetivos."

Quando você ouve pessoas bem-sucedidas falando dessa maneira, é fácil se impressionar. Ao mesmo tempo, pode pensar: "A minha vida parece estagnada. Talvez eu esteja sendo preguiçoso".

Com certeza, há pessoas que estão sempre em movimento, que não param, com vidas que parecem completas e deslumbrantes. No entanto, nem todo mundo é capaz de viver assim.

Pense em uma escada, por exemplo — há pessoas que sobem vários lances de uma vez, enquanto outras precisam parar e descansar. Depois que recuperam o fôlego, conseguem prosseguir com o ar revigorado. Talvez essa abordagem, em vez de subir tudo de uma vez, tenha suas vantagens.

Existe algo similar no zen. Nós dizemos: "Para cada sete vezes que você correr, deve se sentar uma vez".

Não há nada de errado, por si só, em passar a vida correndo, mas, de acordo com o pensamento zen, ficar parado não é uma coisa ruim. Pelo contrário, o zen ensina que é extremamente importante.

43

A quietude permite que reflitamos sobre nós mesmos, que examinemos como estamos nos saindo. Para aqueles que dizem "Não há necessidade de reflexão; não tenho dúvida de como conduzir a minha vida" — bem, pode ser assim ou não.

Outros podem se perguntar: "Se eu parar, não vai ser mais difícil começar de novo?". Mas não há nada a temer — tente parar um pouco e você verá por si mesmo.

Acredito que é muito vantajoso fazer uma pausa quando algo dá errado. Há sempre uma razão por trás do fracasso e das falhas, e é importante identificá-la. Faça uma pausa para poder compreender: há uma oportunidade de refletir quando as coisas não acontecem como imaginamos, para examinarmos como e por que falhamos.

Se prosseguir sem investigar a causa, você irá deixar as suas derrotas e os seus fracassos para trás. E um dia isso irá afetar você. No futuro, você será lembrado das coisas que deixou para trás e terá que voltar para recuperá-las. Em outras palavras, você continuará cometendo os mesmos erros.

Konosuke Matsushita, o fundador da Panasonic, a maior empresa de eletrônicos do Japão, disse: "As pessoas que têm a mente aberta o bastante para reconhecer com honestidade a causa do seu fracasso — que dizem 'Essa foi uma boa experiência, com a qual eu aprendi uma valiosa lição' — são aquelas que vão progredir e se aprimorar".

Para transformar falhas e derrotas em experiências positivas e aprender com elas, é necessário desvendar a sua causa. Há coisas que devem ser feitas aqui e agora. E, para poder processá-las, é importante fazer uma pausa. Até mesmo um titã da indústria tem a humildade de reconhecer isso.

Sempre vale a pena — não apenas quando você tropeça ou fracassa — fazer uma pausa, no seu próprio ritmo, e refletir: "Estou no caminho certo?". É um conceito — "Pratique a pausa" — que vem de um texto clássico chinês. A ideia é que, uma vez ao dia, devemos parar e refletir sobre nós mesmos.

Enquanto vemos nossos amigos e colegas correndo na nossa frente, pode ser angustiante permanecer parado. Mas tanto o zen quanto os textos clássicos chineses asseguram que tudo vai ficar bem: podemos repousar sem preocupação. Aconselho você a separar um tempo para pensar sobre todas as coisas, não só aonde você quer chegar na vida.

II

RESPONDA DE MANEIRA POSITIVA

Não há problema em se sentir para baixo,
mas logo se levante outra vez.

Não existem vidas continuamente enfadonhas e monótonas. Todas elas têm pontos altos e baixos.

"Quando as coisas não acontecem como eu quero — no trabalho, nos meus relacionamentos, com a minha saúde —, o meu ânimo esmorece, e eu me sinto abatido." Esse seria um dos pontos baixos. Mas, quando estamos em um momento de esplendor, podemos superestimar as nossas habilidades ou olhar os outros com arrogância.

No budismo, chamamos esse excesso de autoconfiança de *zojoman*. Tendemos a esquecer que somos imperfeitos e entramos em um padrão mental de soberba, como se já tivéssemos alcançado a iluminação. Isso produz um ciclo vicioso.

É óbvio que nós, seres humanos, não somos capazes de manter a mente calma e tranquila diante de quaisquer acontecimentos ou circunstâncias que possamos enfrentar. O incomparável lutador de sumô e dai-yokozuna Futabayama, o maior recordista de todos os tempos, conquistou 69 vitórias consecutivas. Mas, em busca da septuagésima vitória, ele perdeu a luta, e então escreveu o seguinte telegrama para o seu instrutor: "O Galo de Briga ainda me escapa".

As palavras fazem referência a uma fábula do sábio chinês Zhuangzi. A história é sobre o treinamento de um galo de rinha, adestrado para se manter impassível ao cacarejar dos outros galos. Quando o galo atingisse um grau superior de compreensão — pronto para atacar apenas quando necessário; caso contrário, ficaria imóvel como um animal de madeira —, ele seria imbatível. Quando Futabayama se deixou afetar pelo oponente e perdeu a septuagésima luta, ele expressou na mensagem ao seu mentor uma repreensão a si próprio por não ter conseguido atingir o nível do galo.

Mesmo com temperamento, técnica e condições físicas invejáveis, Futabayama perdeu a luta, sendo o grau do Galo de Briga muito difícil de ser alcançado.

Quando coisas ruins acontecem, ou quando nos encontramos em uma situação difícil, não há problema em se sentir mal por isso. Mas converta o seu modo de pensar negativo em positivo. Essa é a forma de pensar do zen.

Aqui vai uma anedota zen.

Em uma viagem que fazia parte do seu treinamento ascético, um monge passou a noite em uma cabana em ruínas. Estava em condições tão deploráveis que as folhas caíam por um buraco no teto. Para se proteger do frio, o monge removeu as tábuas do assoalho e as queimou para se aquecer. Basta dizer que ele se sentia desolado.

Mas, quando olhou para cima, ele viu o luar resplandecendo através das rachaduras do teto, e se sentiu envolto por aqueles raios de luz. O monge percebeu que aquela era, de fato, uma experiência extraordinária. Os pensamentos sombrios que ocupavam a sua mente se dissiparam, e ele se encheu de alegria.

O fato de que aquela cabana mal conseguia protegê-lo do frio não mudou. Mas, em vez de deixar que isso o atormentasse, ele pôde transformar a sua mentalidade para encontrar alegria naquele momento.

Quando não consegue compreender por que certas coisas acontecem com você, é natural se lamentar e se queixar da situação. Mas não precisa ser assim. Espero que você possa ter uma reação mais positiva, que diga a si mesmo: "Posso superar isso, em vez de deixar que me aborreça. Eu consigo suportar".

As pessoas costumam dizer: "Deus nunca nos dá mais do que podemos suportar". Quando as coisas parecerem sombrias e você sentir que o seu espírito será abalado, ou quando se sentir encurralado, lembre-se dessas palavras, e você vai superar o que estiver enfrentando.

Essa é a forma de pensar que pode transformar a sua mentalidade.

Essa é a forma de pensar que pode trazer você de volta para o aqui e o agora.

Como encontrar outro direcionamento? Dizem que trocamos de pele quando amadurecemos, mas me parece que, para isso, precisamos enfrentar dificuldades e adversidades. Em outras palavras, as dificuldades e as adversidades nos dão a oportunidade para trocarmos de pele e amadurecermos. Podemos até apreciar essas oportunidades.

O monge budista Ryokan, que viveu grande parte da vida como eremita, mas era adorado por crianças, escreveu: "É bom sofrer um infortúnio quando passamos por um infortúnio".

O espírito certamente pode ser transformado.

Se mantivermos isso em mente, poderemos enxergar as provações e atribulações como as oportunidades que elas são.

12

APRECIE A MANHÃ

A melhor maneira de criar um espaço mental.

Eu gostaria de falar sobre como você pode manipular o seu tempo em vez de se deixar manipular por ele.

Para encontrar equilíbrio entre o corpo e a mente — ou melhor, para viver com vigor —, é importante que você não interrompa o ritmo dos seus dias. Se a sua hora de acordar e a hora de dormir mudam constantemente, você não será capaz de manter o nível desejado de bem-estar, além de não conseguir aguentar a exaustão mental.

Além do mais, a natureza humana tem uma propensão à preguiça — somos tão preguiçosos quanto programamos a nossa mente para ser. Se cedermos à preguiça, nunca vamos nos livrar dela, o que só vai dificultar as coisas. É necessário pôr um fim a essa situação.

E se você estabelecer as suas próprias regras para manter um ritmo diário?

Aprecie a manhã.

Eu não poderia ser mais enfático. E, entre as regras para apreciar a manhã, a mais importante é acordar cedo, no mesmo horário, todos os dias. Quando você acorda cedo, cria um espaço na sua manhã.

Algumas pessoas costumam acordar o mais tarde que podem, fazem o café de maneira apressada, bebem tudo em um gole rápido, deixam a caneca na pia e correm para o trabalho. Parece familiar?

Começando desse jeito, não é difícil imaginar como o restante do dia será. Quando nos falta tempo, nós nos tornamos mentalmente apressados, com pouco tempo até para respirar. Podemos esquecer as coisas, e existem grandes chances de cometermos equívocos.

Considere o seguinte provérbio zen: "Enquanto você é consumido pelas horas do dia, esse velho monge consegue aproveitar todas as horas do dia".

Esse provérbio é de Zhaozhou, um mestre zen que viveu durante a dinastia Tang. Ele enfatiza a importância de aproveitar bem o seu tempo. Começar o dia como uma conturbada comédia pastelão é exatamente o oposto disso. Na verdade, é o melhor exemplo de se deixar consumir pelo seu tempo, de ser controlado por ele.

Acorde cedo, deixe que o ar puro entre no seu quarto, observe a perpétua mudança das estações lá fora e respire fundo. É o suficiente para despertar a circulação e encher o seu corpo de vigor. Aprecie o barulho dos pássaros, ou a brisa, ou a variação de cor nas folhas das árvores — a sua sensibilidade será estimulada e aprimorada.

Enquanto saboreia o seu chá ou café, permita que o seu corpo e a sua mente absorvam a atmosfera da manhã. Você ficará inspirado para aproveitar bem o seu dia.

Não parece uma manhã esplêndida? Isso é aproveitar o máximo do seu tempo.

Como eu já disse, quando o dia começa de certa maneira, é fácil prever como ele será dali em diante. O tempo de qualidade flui de um momento para o outro. Vou repetir: o segredo para aproveitar bem todas as horas do seu dia está na manhã.

Acredito que a orientação de apreciar a manhã é relevante principalmente para aqueles que estão se aposentando ou para quem já se aposentou. A aposentadoria é um momento crucial na vida, um ponto decisivo para o modo como você vai viver os seus dias. Mais uma razão pela qual, se você não administrar isso com cuidado, poderá ter problemas. Se tudo o que você fez até agora foi trabalhar, então, quando não tiver mais um emprego, pode perder a motivação e ver o seu espírito esmorecer.

Um exemplo típico disso ocorre quando uma pessoa se aposenta e parece envelhecer de uma vez só. Um antigo tubarão corporativo se torna um sujeito que não sai mais de casa. Não é um cenário incomum. Ele se levanta pela manhã na hora que lhe der na telha. Então fica enrolando até o meio-dia, lamentavelmente ocioso. Sem tarefas a cumprir, ele deixa a televisão ligada em um programa que não o interessa, sem sequer assistir...

Se você se permitir chegar a esse ponto, esse pode muito bem se tornar o ritmo da sua vida diária. E então você se verá consumido por angústias desnecessárias, preocupações e medos.

Você pode ter se aposentado da sua carreira, mas isso não quer dizer que deve se aposentar da vida. Nós devemos cuidar desta preciosa vida que nos foi dada.

Como eu disse antes, o segredo está nas manhãs. Assim como você se mantinha ativo no trabalho — talvez até mais, na verdade —, inicie cada dia consciente da importância de aproveitar a manhã. Dessa forma, os seus dias serão cheios de energia e vigor.

A sua motivação será renovada — talvez você até procure outro tipo de trabalho ou atue como voluntário, ou se dedique a hobbies para os quais nunca teve tempo quando trabalhava. Juro que alguma dessas coisas vai acontecer com você. Não seria uma aposentadoria adorável se você exercitasse as suas habilidades na cozinha e fizesse o almoço da família de vez em quando?

Esse simples passo de apreciar a manhã vai afastar os seus sentimentos de desesperança, de que não tem nada para fazer hoje ou em qualquer outro dia, e irá proporcionar valiosos momentos quando você experimentar viver ao máximo o aqui e agora.

13

VIVA DE ACORDO COM OS SEUS PRÓPRIOS PADRÕES

Não se deixe influenciar pelos valores alheios.

Ao longo da vida, nos tornamos plenamente conscientes da etiqueta social. A sociedade se mantém com base na versão que todos compartilhamos de uma conduta adequada. Se cada um de nós se desviasse dela e satisfizesse apenas sua vontade, o mundo se transformaria em um caos.

Acredito que a etiqueta deve ser preservada, mas me parece que ela é exercida às custas do nosso senso de individualidade. Quando estamos submetidos à etiqueta social, limitamos a nossa imaginação, nos tornamos impossibilitados de agir livremente e a nossa mente enrijece. Você não se sente, às vezes, de mãos e pés atados por causa dos padrões de etiqueta?

Precisamos criar os nossos próprios padrões para podermos nos libertar sem seguirmos pelo caminho errado na vida. Devemos ter um fundamento básico de etiqueta, constituído a partir da nossa própria interpretação das coisas, que oriente os princípios que nos permitam desviar da normalidade e tomar as nossas próprias decisões. É isso que eu chamo de padrões.

Então, como você vai estabelecer esses padrões?

A única maneira de fazer isso é pôr tais padrões em prática — você deve acumular experiências. O zen prioriza a prática acima de tudo.

Há um zengo que nos ensina: "A iluminação espiritual só é alcançada através da experiência". Quando você observa a água em um recipiente, não é possível saber se está fria ou morna. A única maneira de determinar isso é tocando ou bebendo. É mais importante agir do que pensar.

Em tempos de informação em abundância, o conhecimento — tanto quanto quisermos — é fácil de ser encontrado. Se você fizer uma busca na internet sobre "como viver livre da etiqueta social", encontrará milhares de resultados. Mas, se você parar para ler, verá que eles abordam uma série de assuntos que não têm nada a ver com o que você quer saber.

Se, ou quando, você se encontrar em uma situação em que precisa decidir se deve ou não agir de acordo com a etiqueta social, o conhecimento que você tem acumulado no cérebro não vai poder ajudar. Quando você soma experiências e põe o conhecimento em prática, o seu corpo aprende — isto é, você é guiado pelo corpo a tomar a decisão certa — e, é claro, pode agir de maneira adequada. Não é possível estabelecer os seus padrões apenas com o conhecimento teórico.

Koshu Itabashi, que foi abade de um templo Soto Zen, costumava praticar o zazen — um tipo de meditação — ou fazer as tarefas de *samu* como se fosse um monge em treinamento, e não um abade.

Ao ver alguém importante como ele fazer aquelas coisas, os monges lhe diziam: "Você não tem necessidade de fazer o *samu*. Por favor, vá descansar no quarto". No entanto, Itabashi Zenji enrolava um *tenugui* ao redor da cabeça, vestia as suas roupas de trabalho e fazia a limpeza com todos eles. Ouvi dizer que, mesmo depois que se aposentou, ele ainda saía às vezes para pedir donativos.

Isso excede o que é determinado pela etiqueta social, mas demonstra que um padrão soberano deve ter sido estabelecido. Sempre em busca de manter os seus próprios padrões, no entanto, Itabashi Zenji nunca se afastou do saber prático e continuou acumulando experiência.

Esse exemplo, claro, é a encarnação inesgotável do ensinamento zen. Os padrões são aprimorados através da prática e da experiência. E, quanto mais eles são aperfeiçoados, mais livres nos tornamos.

Há uma passagem em *Os analectos*, de Confúcio, que diz: "Aos setenta anos, os desejos da minha mente não excedem os padrões".

O que Confúcio quer dizer é que seguir os próprios desejos e praticá-los não contraria o que é certo. A questão é viver livremente de acordo com as suas próprias regras (aderindo ou não à etiqueta social) e como isso permite que a sua verdade corresponda ao modo como você vive a sua vida. É o que acontece quando você desenvolve os padrões que foram moldados dentro do seu coração.

Então, por favor, eu o convido a desenvolver os seus próprios padrões, mantendo isto em mente: pratique primeiro e depois experimente.

Os seus padrões serão refinados, mesmo que um pouco de cada vez. Você se sentirá cada vez mais confiante, livre da ansiedade, da preocupação e do medo que aparecem ao se comparar com os outros. E você será livre para ser você mesmo.

14

NÃO VÁ EM BUSCA
DO QUE É DESNECESSÁRIO

Pare de consumir informação de forma compulsiva.

Eu gostaria de falar sobre a relação entre a nossa sociedade viciada em informação e o nosso coração e a nossa mente.

Vivemos em uma era altamente conectada e com informação de sobra. Não é preciso dizer que a rápida evolução e propagação da internet apenas estimulou ainda mais esse cenário. É claro que existe um lado bom em poder acessar uma grande quantidade de informação, mas, ao mesmo tempo, sinto que isso pode causar vários problemas.

O que eu quero dizer é que informação demais pode comprometer a nossa habilidade de tomar decisões.

Por exemplo, digamos que você está pensando em adotar um novo hábito para melhorar a sua saúde. "Vou fazer uma pesquisa rápida sobre isso", você diz, enquanto digita uma busca na internet, e acaba atropelado por uma montanha de informações.

Ao ver o resultado da sua pesquisa, você percebe que há inúmeras escolhas e acaba perdendo a confiança para tomar uma decisão. "Isso parece bom, mas esse aqui parece que funciona também. E tem mais esse? E não posso esquecer esse outro..."

56

Acontece em todo tipo de situação. No trabalho também: "Parece promissor", "Vamos adicionar essa condição aqui", "Se for do seu interesse, que tal tentarmos assim?", "Em termos de salário, isso pode ser bom"... E assim por diante.

Quando se trata da sua carreira, o mais importante é perguntar a si mesmo: "O que eu quero fazer?". A sua escolha de trabalho afeta profundamente a maneira como você vai viver a sua vida.

Descobrir o que você quer fazer ou como viver a sua vida não tem a ver com a quantidade de informação que você acumula. A resposta só pode ser encontrada dentro de você. E, para isso, você precisa pensar com cuidado sobre essas questões. Em outras palavras, você deve perguntar para o seu coração e decidir onde concentrar os seus esforços.

Nesse caso, a informação pode ser fonte de dúvidas. De maneira contraintuitiva, quando você tem excesso de informação, a sua mente não sabe o que fazer com isso. E quando a sua mente está divagando, a dúvida se instala, assim como a ansiedade.

Antigamente, quase todo mundo no Japão trabalhava nos negócios da família, que eram passados de geração em geração. Os fazendeiros são um exemplo típico, mas também os artesãos e artistas transmitiam as suas habilidades de pai para filho, para neto e assim por diante. Sem que tivessem escolha, as pessoas concentravam os seus esforços e se dedicavam ao trabalho. E o fato de que estavam completamente empenhadas contribuía para o seu senso de satisfação com a vida.

É possível dizer inclusive que a falta de escolha não deixou espaço para que tivessem dúvidas ou anseios em relação ao trabalho. Mas as pessoas também não eram atormentadas pelas ilusões e as urgências da atualidade. Não só no trabalho, mas na vida em geral.

Claro, mais escolhas significam mais possibilidades. O segredo é limitar as opções. Pense da seguinte forma: você deve se concentrar em decidir onde irá depositar os seus esforços, então junte somente a informação necessária para esse objetivo. Ainda assim, você encontrará várias opções. Depois de perguntar para o seu coração e ter decidido com base na sua resposta, você terá mais dúvidas — mesmo que os resultados que você espera não sejam imediatos.

Tente pôr isso em prática. Eis o ponto principal, como afirmou Rinzai Gigen, o fundador da escola Rinzai de budismo: "Seja o mestre aonde quer que você vá. E então, onde estiver, as coisas serão realmente como são".

Portanto, não importam as circunstâncias, se você der o seu melhor aqui e agora, perceberá o seu protagonista em potencial ou quem você deveria ser.

Um protagonista não é enganado pelo excesso de informação e não permite que o seu foco seja alterado pelas circunstâncias. O seu foco é fixado em apenas uma direção.

Um protagonista se mantém firme, forjando o seu próprio caminho com determinação. É possível dizer que ele conduz a própria vida com convicção.

Somos todos capazes de ser protagonistas, a qualquer hora e em qualquer lugar. Mas primeiro devemos nos concentrar nos nossos esforços. Devemos nos concentrar no aqui e no agora.

Por que não começar?

15

SEMPRE DÊ O SEU MELHOR

Se não agora, quando?

Você está de fato comprometido com o seu trabalho? Você encontra satisfação nele? Você o aprecia todos os dias?

Não tenho dados concretos sobre isso, mas imagino que grande parte das pessoas responderia "Na verdade, não" a essas perguntas. Tenho a impressão de que muitos jovens abririam mão do seu emprego com facilidade, dizendo que aquele trabalho não é para eles ou que aquilo não é exatamente o que deveriam estar fazendo.

A versão japonesa do provérbio "Paciência é uma virtude" faz referência ao ato de passar três anos em cima de uma rocha, sugerindo que todos têm a capacidade de encontrar soluções e perseverar no que tentarem fazer. Essa percepção, no entanto, parece uma lembrança do passado, uma sensibilidade agora obsoleta.

Hoje em dia, as pessoas parecem descontentes. Falta a elas uma sensação de vigor. Esse parece ser um sentimento corriqueiro. Parece hostil, mas não posso ignorar o fato de que uma característica marcante desta geração é a tendência a julgar que tudo — na vida pessoal e na profissional — é "entediante".

O tédio leva ao descontentamento e à reclamação, que são a semente da preocupação. Pergunte a si mesmo: Você é capaz de se comprometer de maneira genuína com qualquer tipo de trabalho? Independentemente da maneira como leva a sua vida, é capaz de viver bem, de se sentir satisfeito?

O que você respondeu?

Uma coisa é certa: o comprometimento com o trabalho não se materializa do nada. Você não pode simplesmente esperar que a vida que você quer chegue até você. Então precisa se envolver completamente com o trabalho que realiza aqui e agora. Não há outra maneira de encontrar satisfação no momento que você está vivendo.

Existe um zengo que oferece uma pista sobre como fazer isso: "Transforme o chão em ouro".

Em outras palavras: onde você estiver, faça o seu melhor, dê tudo de si, bem aqui e agora. Isso fará com que o lugar onde você se encontra reluza e brilhe como ouro.

O chão não reluz como ouro. É você quem o torna assim. Mesmo que considere que o seu trabalho não é adequado para você, ou não é exatamente o que gostaria de estar fazendo, se dedique a ele no aqui e no agora.

Se você não se comprometer com o que estiver fazendo aqui e agora, então onde e quando você vai fazer isso?

Há um evento bastante conhecido da vida de Dogen Zenji. No início do seu treinamento, ele foi estudar com o professor Rujing na montanha Tiantong, na China. Um dia, Dogen Zenji viu um abade ancião, que atuava como chefe de cozinha no templo, colocando cogumelos shitake para secar no verão sem usar um chapéu naquele sol escaldante. Dogen Zenji perguntou ao velho cozinheiro: "Por que está fazendo isso agora, nesse calor? Deveria esperar até que o sol não esteja tão forte". Ao que o monge respondeu: "Não há outro momento senão o agora".

O que ele quis dizer era: "Quando eu deveria fazer, senão agora? Quando será o momento apropriado? Essa hora nunca vai chegar".

Dogen Zenji ficou muito impressionado com as palavras do velho cozinheiro. Se você puser na sua mente que só temos este momento, aqui e agora, aprenderá um truque para o aprimoramento pessoal que lhe permitirá se empenhar no trabalho e aproveitar a vida.

Você vai aprender a acrescentar o seu estilo ao trabalho que imagina que qualquer um poderia fazer, e notar com satisfação que não é a mesma coisa sempre. Pode até ser que você se veja tomado pela vontade de dar o seu melhor aqui e agora. E então o mundo ao seu redor parecerá completamente diferente do que era antes.

Quando você acrescenta o seu toque pessoal às suas tarefas, o trabalho que poderia ser feito por qualquer um passa a ser o trabalho que só você poderá fazer do seu jeito. Outras pessoas podem começar a se inspirar a fazer as coisas da maneira como você faz.

É assim que você impressiona as pessoas, é assim que cria presença.

Quando você dá tudo de si, é capaz de aproveitar o momento e sentir satisfação nele. As dúvidas e as aflições vão desaparecer, e você verá as coisas de maneira mais positiva.

E então, aqui e agora, você irá brilhar.

Plante os seus pés com firmeza no chão onde quer que esteja, e você irá florescer.

16

NÃO IGNORE OS SEUS SENTIMENTOS

Assim, não será afetado pelas coisas.

Você sempre se incomoda com as coisas, ou se irrita com facilidade. Como pode controlar melhor as suas emoções?

Para isso, eu sugiro que você entre no estado de mente vazia, que chamamos de *mushin*.

Quando você se encontra no estado de mente vazia, não é atropelado pelas suas emoções. Em vez de passar pela oscilação entre alegria e tristeza, esperança e desespero, o seu estado de espírito está sempre tranquilo.

No entanto, o *mushin* não é uma tarefa simples — é bem difícil de ser alcançado. Principalmente na prática do zazen, pode haver um grande ímpeto de "esvaziar a sua mente", o que acaba limitando você. Os seus pensamentos dão voltas e voltas no imperativo: "Não pense em nada".

Ao praticar o zazen, é inevitável que os pensamentos inundem a sua mente. Deixe que eles apareçam e depois permita que eles vão embora. Eles irão desvanecer sozinhos.

Entregue-se ao fluxo desses pensamentos que aparecem e desaparecem. É dessa maneira que o *mushin* é alcançado.

Quando uma pedra é jogada em um lago, surgem várias ondulações que se espalham ao redor. Se você tentar acalmar as ondas mergulhando a mão na água, irá gerar ainda mais ondulações. Ao deixar que sigam seu curso, você verá as ondulações pouco a pouco se acalmando, e por fim a superfície será como o espelho de antes.

A sua mente funciona da mesma forma.

Há um zengo que diz: "A nuvem não tem individualidade; a montanha não consegue desfazê-la". Ou seja, a nuvem não é afetada por nada. Ela muda de forma de acordo com o vento, vai aonde é soprada, e mesmo assim nunca deixa de ser uma nuvem. Ela manifesta o *mushin*.

Deparamos com todo tipo de situação no dia a dia. Coisas boas e coisas ruins. Coisas que nos animam e coisas que não podemos tolerar. Seja lá o que for, no entanto, se permitirmos que essas coisas nos afetem, ficaremos muito angustiados.

"Não acredito que ele disse isso! Que cretino — Terminei com ele!"

Temos dificuldade de controlar esses rompantes de fúria que surgem no nosso coração. Somos consumidos por eles. Conforme eles preenchem a nossa mente, uma agitação se instala e nós nos recusamos a ceder.

As emoções humanas são a essência do nosso ser, então é natural nos permitirmos senti-las. No entanto, quando tentamos superá-las de todas as formas, elas sempre ocuparão a nossa mente, e nunca vamos nos livrar delas.

Uma estaca de madeira que é fincada na terra se torna fixa e imóvel. Não importa o quanto o vento sopre, ela permanece no mesmo lugar. Em algum momento, no entanto, se a ventania for forte o bastante, é provável que a estaca saia do lugar.

O bambu, por outro lado, é flexível e se curva ao vento. Então, mesmo em uma tempestade, ele não se quebra. Quando a tempestade passa, o bambu volta à sua forma natural, reto e elevado. Ele se entrega ao vento — quando ele sopra e quando cessa.

Não há necessidade de ser indiferente a pensamentos e sentimentos intensos. Apenas se entregue ao fluxo enquanto eles aparecem e desaparecem, e você não será afetado por eles. Quando notá-los, permita que a tensão se solte e se concentre no agora. A sua mente irá relaxar e se tornar flexível.

E assim alcançamos o *mushin*, o estado de mente vazia.

17

TORNE AS SUAS NOITES TRANQUILAS

Não tome decisões importantes tarde da noite.

Uma pergunta: as suas noites são tranquilas?

Parte da prática do zen é a sessão noturna do zazen. Em alguns templos Soto Zen, a sessão se inicia às oito da noite. Os monges acreditam que é um ritual para acalmar a mente antes de dormir.

Pense assim: todas as noites, você vai a um bar depois do trabalho e reclama da vida? Beber para esquecer os problemas pode ser uma solução temporária, mas não deixa uma sensação tão boa no dia seguinte, certo?

Pode ser extremamente difícil tornar as suas noites tranquilas. Durante o dia, a correria do trabalho ofusca as suas angústias, as suas preocupações e os seus medos, mas à noite esses sentimentos podem correr soltos.

Quando a sua mente é consumida por eles, pode ser difícil se libertar. Acredito que isso tem uma forte relação com a escuridão. É uma particularidade da noite que a preocupação gere mais preocupação e as dúvidas dominem.

Não é verdade que todos já passamos pela experiência de, após uma noite sem dormir, vermos as coisas de maneira diferente pela manhã? Os problemas não parecem tão terríveis, e você se questiona por que estava tão angustiado.

Decisões tomadas à noite estão fadadas ao erro. E mais: pensar em todas as suas preocupações só vai estimular o seu cérebro e dificultar que você durma.

Por esse motivo, um bom truque para tornar as suas noites tranquilas é evitar ao máximo tomar decisões tarde da noite. Esse conselho é baseado na experiência de um economista conhecido. Ele tinha o costume de consumir muita informação da TV e da internet nesse horário, mas de repente decidiu parar — passou a se desconectar dos noticiários na parte da noite. E então, de manhã, ele começou a se sentir mais tranquilo e com a cabeça mais leve para tomar decisões.

Quando você recebe uma informação, precisa processá-la e ponderar sobre ela.

Bloqueie tudo.

Essa é uma forma muito importante de tornar as suas noites tranquilas.

Outra maneira de estimular a serenidade é separar um tempo para praticar algo que você ache relaxante. Claro, isso varia de pessoa para pessoa. Algumas gostam de ler um romance ou folhear um livro de poesia. Se você adora ouvir música, faça isso à noite. Se gosta de fazer artesanato ou tem algum hobby, tente praticar à noite.

Talvez você queira acender um incenso ou a sua vela favorita enquanto toma um longo banho.

Quando separa um tempo para se agradar, você se sente naturalmente mais calmo e tranquilo. Fazer disso um ritual antes de dormir é tão zen quanto um zazen noturno. Você irá aprimorar a qualidade do seu sono e acordar revigorado e pronto para encarar o dia.

PARTE TRÊS

PARE DE COMPETIR, E AS COISAS VÃO SE ENCAIXAR

"Cada um é cada um, e eu sou quem eu sou."

18

NÃO SE CONCENTRE
EM VITÓRIAS OU DERROTAS

Não importa se você vencer ou perder.

"Não posso deixar que uma pessoa que entrou na empresa junto comigo seja promovida para um cargo acima do meu."

"O departamento postou o ranking de funcionários do mês — o que eu faço?"

Como os sistemas baseados em desempenho são tão estimados no mercado de trabalho moderno, qualquer pessoa no mundo dos negócios tem plena consciência das suas conquistas.

Isso leva você a comparar os seus resultados com os dos outros. É como se você estivesse em uma competição.

Claro, a competição pode ser motivadora. Mas, ao mesmo tempo, isso reduz as pessoas a meros vencedores ou perdedores — então, se você ultrapassar a pessoa que começou ao seu lado na empresa, estará no topo do mundo, mas se o seu desempenho não for tão espetacular, ficará arrasado. De um jeito ou de outro, você vive à mercê dessas marés emocionais. É, sem dúvida, um aspecto da competição.

Acredito que uma fonte significativa de estresse no ambiente de trabalho é a ênfase excessiva em vitórias e derrotas. Quando só pensamos em termos de ganhar ou perder, alimentamos uma mentalidade de vencer a qualquer custo, o que faz com que guardemos para nós informações que deveríamos compartilhar com os colegas, na esperança de que eles cometam erros.

Isso é lamentável. Mas, no mundo dos negócios, não é tão incomum que as pessoas se prejudiquem e apunhalem umas às outras. É aí que começam os problemas.

Vamos supor que você consiga vencer a qualquer custo. Com que escrúpulos celebraria a sua vitória? Não sentiria culpa pela maneira como alcançou o sucesso?

Vencer a qualquer custo pode trazer sentimentos ruins. É a natureza humana.

Não passou da hora de abandonar essa fixação por vitórias e derrotas?

Existe um zengo que diz: "Mesmo quando os oito ventos sopram, não se deixe perturbar".

Nós somos afetados por vários ventos ao longo da vida. Às vezes, eles estão a nosso favor, e outras vezes vão contra nós. Se nos mantivermos firmes diante de cada um desses ventos, poderemos apreciar todos eles.

Quando o nosso desempenho é superior ao dos outros funcionários, parece um vento favorável. Mas, se o nosso rendimento é pior do que o dos nossos colegas, podemos sentir que é um vento contrário. No entanto, isso não tem nada a ver com "vencer" ou "perder". É o simples sopro de vários ventos intermitentes. Devemos encará-los como partes da natureza.

Fazer isso é encarar as situações com sinceridade. Ou seja, em vez de olhar as coisas com a perspectiva de outra pessoa, devemos olhar para dentro, para o nosso próprio coração.

"Você deu tudo de si nesse projeto?"

"Você decidiu deixar as coisas dessa maneira, mas não acha que poderia ter feito um pouco mais?"

Sim, há momentos em que você pode dizer com sinceridade que deu tudo de si, que empregou toda a sua energia. Quando puder dizer de coração que deu o seu melhor, então será o bastante.

Nesses momentos, você sentirá satisfação pelo trabalho realizado. Essa satisfação é o mais importante. Pelo menos, é o que eu penso.

Porque, contanto que você esteja satisfeito, será capaz de aceitar a situação com serenidade, seja ela qual for. Você poderá manter um estado de contentamento, independentemente do vento que soprar.

Então mude a perspectiva de fora para dentro.

Os resquícios de vitória ou derrota logo desaparecerão.

19

PERSEVERE, DEVAGAR E CONSTANTE

Faça isso antes de invejar os talentos alheios.

"Estou aqui me matando para terminar um único projeto, e ele já está lá negociando outra ideia com a maior facilidade."

"Eu sofro muito para bater a meta de vendas. Como é sempre tão fácil para ela?"

Aposto que isso parece familiar para muitos de nós. Em algum momento, todos ficamos impressionados com os talentos de outras pessoas.

Mas invejar os outros não fará bem a você. Em vez de sentir inveja, eis algo que você pode fazer.

Aprenda a perseverar e a fazer o seu trabalho com constância, usando as suas habilidades ao máximo. Ao cultivar esse hábito, você será capaz de ultrapassar os seus talentos. É assim que eu vejo.

A essência da prática budista é fazer as coisas repetidamente. Durante os períodos de treinamento, chamados *seichu*, os monges se sujeitam a rigorosas práticas, dia após dia. O *seichu* dura cem dias. Os monges fazem as mesmas coisas diariamente — sessões de zazen, entoam os sutras, cumprem as tarefas —, e tudo o que fazem se torna hábito. Em outras palavras, o corpo aprende e se lembra.

Mesmo que um monge tenha um entendimento intuitivo das escrituras budistas, se ele se negar a empenhar o esforço necessário, irá fracassar no treinamento — ele não estará no caminho certo para a iluminação.

Ichiro Suzuki, o recordista da liga principal de baseball (MLB), disse: "Eu não acho que um 'prodígio' é capaz de ser bem-sucedido sem esforço. Acredito que um prodígio consegue vencer por causa dos seus esforços. Quem acha que a minha habilidade de acertar uma bola de baseball não requer esforço está enganado".

Até mesmo Ichiro, um atleta profissional com tanto talento, afirma que não é possível ser um prodígio sem se esforçar.

Você pode ser tão talentoso quanto Ichiro — até mais —, mas, se não se empenhar, os seus talentos nunca vão se desenvolver. O esforço é mais importante do que a habilidade.

Há uma história similar no budismo, uma anedota sobre o mestre zen Kyogen Chikan, que viveu durante a dinastia Tang. Erudito e aclamado como sábio até mesmo antes de enveredar pelo caminho monástico, ele se sentia atormentado com a sua inabilidade de responder a um koan apresentado pelo seu mentor.

Aflito, e reconhecendo a sua própria obsessão pelo conhecimento, ele queimou todos os seus livros sobre o zen. Então resolveu se dedicar a cuidar da sepultura do mestre zen Nanyo Echu, que viveu durante cem anos.

Tudo o que ele fazia, todos os dias, era limpar a sepultura do mestre. Mas um dia, enquanto ele estava varrendo, a sua vassoura bateu num pedaço do piso, que voou até bater num bambu, fazendo um tilintar. Ao ouvir o barulho, Kyogen Zenji teve uma iluminação.

E aqui está a importância do esforço assíduo, de fazer as mesmas tarefas, devagar e de maneira constante.

O talento pode ser inato. Mas não faz bem desejar ter os dons de uma pessoa ou que alguém pudesse dividir os talentos dele com você. Em vez disso, cabe a nós determinar quanto vamos nos esforçar.

Não preste atenção na pessoa que sempre está no topo do ranking das vendas. Em vez disso, quando começar o trabalho pela manhã, realize as suas tarefas devagar e de forma constante; envie um breve e-mail de rotina para o seu cliente ou compartilhe com ele algumas ideias ou informações.

Faça isso durante cem dias, e talvez você ouça o tilintar e ultrapasse a sua meta de vendas com facilidade.

20

EXPERIMENTE A GRATIDÃO

Você não pode conquistar muito sozinho.

Okagesama é um legado compartilhado pelos japoneses. De maneira literal, a expressão *okagesama de* pode ser traduzida por "a sombra dos deuses", mas é mais usada para expressar gratidão.

Tradicionalmente, os japoneses priorizam a consideração e o agradecimento. A espinha dorsal do país é a agricultura, então o trabalho coletivo é fundamental. Ao longo da história, os campos e arrozais foram mantidos por meio de irrigação e esforço coletivo — se você precisasse de algumas mãos, os vizinhos apareciam para ajudar. As coisas simplesmente aconteciam dessa forma.

Por trás de tudo, estava o senso de gratidão e consideração. Mas essa consciência está pouco a pouco desaparecendo, e agora a sociedade parece se tornar mais e mais egoísta e voltada para os próprios interesses.

Talvez isso seja mais perceptível no mundo dos negócios. As pessoas costumavam trabalhar em espírito de equipe, com todos demonstrando as suas habilidades dentro das suas posições. Essa abordagem parece ter sido completamente consumida pela grande influência do sistema impulsionado por resultados.

"Melhorar a minha performance é a minha prioridade."

"Se eu pudesse simplesmente aumentar os meus números."

Esse tipo de pensamento acelera o individualismo e a motivação pelo interesse pessoal. O resultado é uma cultura de trabalho que permite que os funcionários pisem uns nos outros ou apunhalem os seus rivais — contanto que isso lhes traga sucesso.

No entanto, como afirmei antes, o *okagesama*, ou a gratidão, é um legado compartilhado pelos japoneses. O tsunami que atingiu o país em 11 de março de 2011 devastou cidades e povoados. Mais de 10 mil entes queridos foram perdidos, e meios de subsistência foram destruídos. Ainda assim, muitas pessoas puderam agradecer àqueles que foram resgatá-los.

Ainda há bondade neste mundo.

O conceito de mutualismo — agir pelo benefício próprio e dos outros para poder coexistir — corresponde ao modo de pensar do zen.

Okagesama originalmente se refere aos ancestrais de uma pessoa. É uma forma de reconhecer que devemos a nossa existência àqueles que não estão mais conosco, e que permanecemos sob a proteção deles. Quando dizemos "*Okagesama*", estamos expressando a nossa gratidão por esse amparo.

Você pode achar que a sua existência é independente, mas todos nós fomos gerados por um pai e uma mãe. E cada um deles foi gerado por um pai e uma mãe. Se você voltar dez gerações, terá 1024 ancestrais; vinte gerações, e terá mais de 1 milhão.

Sem pelo menos um dos seus ancestrais, você não estaria aqui agora. Você está vivo porque eles conseguiram sobreviver. Quando pensamos dessa forma, compreendemos que estamos aqui não por causa de nós mesmos, e sim graças àqueles que vieram antes de nós.

O mesmo acontece no trabalho. Não importa o quanto você acha que é capaz. Há um limite natural do que você pode conquistar sozinho.

Se a sua mente estiver focada no próprio sucesso, você nunca será capaz de alcançar algo maior. Algum dia, você vai precisar realizar um trabalho que não poderá ser feito sozinho e perceberá a tolice de agir com interesse próprio. Quando isso acontecer, você irá experimentar um choque de realidade.

Aprenda a sentir gratidão pela colaboração dos outros no trabalho que você realizar. Mesmo quando você fecha um negócio, isso não é fruto apenas do seu esforço. Não houve pessoas que o ajudaram a preparar o material necessário para as negociações? Talvez alguém que entenda de computadores tenha dado uma força com a apresentação? Ou alguém atendeu aos telefonemas e anotou as mensagens do cliente com o qual você negociou? E a pessoa que serviu chá quando ele esteve no escritório?

Graças a todas essas pessoas, você pôde fechar o negócio. Quando você é capaz de expressar gratidão, as pessoas ao seu redor ficam felizes ao assistir ao seu sucesso. E quem tem esse tipo de apoio pode alcançar objetivos ainda maiores.

21

USE AS PALAVRAS CERTAS

As palavras têm um poder incrível.

As más notícias correm rápido, como diz o ditado, mas fofocas e difamações também circulam depressa.

Existe sempre um preço a ser pago por fofocas e difamações.

Se você fala dos outros pelas costas ou espalha coisas ruins sobre as pessoas, em algum momento o mesmo será feito com você. Na verdade, é provável que seu chefe descubra que você reclamou dele, o que pode comprometer a relação de vocês e pôr em risco o seu emprego.

No zen, existe o conceito de "palavra afável". Pregamos que devemos tratar os outros com gentileza e nos comunicarmos de maneira afetuosa.

"A palavra afável se manifesta na mente afetuosa, e a semente de uma mente afetuosa é a compaixão. Devemos aprender que a palavra afável tem o poder de mudar o mundo."

Essa é uma citação da obra-prima de Dogen Zenji, *Shobogenzo*. Espero que você se lembre disso — ao falar com as pessoas com compaixão, sua palavra afável terá o potencial de mover o céu e a terra.

Claro que não há nada de errado em fazer piadas amistosas. Na verdade, elas podem servir para quebrar a tensão ou aliviar o clima.

Obviamente, ninguém é cem por cento perfeito o tempo todo — todo mundo tem dentro de si a semente para germinar o rancor. Mas ninguém é cem por cento ruim também.

Mude a sua perspectiva e procure os pontos positivos nas outras pessoas — as suas melhores qualidades —, e passe a enaltecê-las. Quando são elogiadas, as pessoas não costumam ofender os outros e até oferecem um elogio em troca. Mas é importante não tomar o caminho mais fácil e achar que basta bajular para ter sucesso. Esta é a regra número um.

O elogio não tem utilidade alguma a menos que você diga o que pensa de verdade. Você deve perceber o que realmente acha impressionante naquela pessoa. No entanto, na maioria das vezes, não fazemos um bom trabalho ao elogiar os outros.

Como disse Goethe: "Por que a difamação não tem fim? As pessoas parecem pensar que, se reconhecerem qualquer conquista alheia, isso irá diminuir a sua própria dignidade".

É vergonhoso sentir que elogiar outra pessoa tira algo de você, mas sem dúvida muita gente se sente assim. Uma relação entre duas pessoas que trocam elogios genuínos, que reconhecem os pontos fortes uma da outra, pode ser espiritualmente enriquecedora.

Vamos deixar de lado essas estranhas neuroses e os pensamentos de arrogância. Como disse o historiador chinês Sima Qian: "O homem sábio não difama o outro, mesmo depois que uma amizade termina".

Que admirável. É o que busco para mim mesmo.

22

DEIXE OS JOVENS ASSUMIREM O CONTROLE

A sua vez certamente vai chegar.

A maioria das pessoas no mundo dos negócios diz que é importante atuar na linha de frente das empresas. Esse local varia dependendo do cargo, assim como a natureza do trabalho, mas, em todo caso, a ideia principal é a mesma: garantir que você seja notado.

Como sabemos pela rapidez da inovação tecnológica, as ferramentas empresariais são desenvolvidas continuamente, com equipamentos novos sendo lançados a todo instante. Dependendo do seu trabalho, a habilidade com a tecnologia pode ser um requisito para se manter na linha de frente. Isso cria dificuldade para pessoas que não têm fluência nos meios digitais.

De fato, quando os computadores pessoais foram lançados, as pessoas ficaram tão estressadas ao usá-los que alguns funcionários de meia-idade e idosos desenvolveram distúrbios nervosos. Essa condição tem inclusive um nome: tornou-se conhecida como tecnoansiedade.

No entanto, se vangloriar da sua habilidade digital não é a melhor maneira de ser notado. Se houver pessoas competentes em cargos abaixo do seu, seria muito bom se você delegasse tarefas a elas; e, caso você não consiga realizar alguma tarefa, pode recrutar alguém com habilidade para executá-la.

Ao permitir que outras pessoas assumam o comando de certas funções, você terá tempo para treinar outros funcionários e construir uma equipe motivada e com objetivos. É uma ótima maneira de fazer o seu trabalho e ser notado no mundo dos negócios.

Quando você se retirar da linha de frente, poderá usar a sua experiência e oferecer aconselhamento enquanto acompanha o progresso da equipe e redireciona o curso quando necessário — uma excelente oportunidade de ser notado.

No zen, existe a palavra *kankosui*, que significa "velho furador". Refere-se a um furador cuja ponta foi desgastada e que não é mais utilizado. Um furador novinho em folha com uma ponta afiada pode fazer um buraco com facilidade e rapidez. Mas também pode ferir alguém.

Um furador velho com uma ponta desgastada não tem utilidade se o seu objetivo é perfurar buracos. Porém, ele não vai machucar ninguém, e tem até um encanto próprio.

Conforme as pessoas envelhecem, elas também não são mais tão afiadas quanto costumavam ser. Podem não aprender novas habilidades com tanta rapidez. Mas elas têm profundidade e uma variedade de experiências que abrangem muitos anos.

Com que destreza as pessoas menos experientes podem fazer negociações difíceis? Elas são capazes de contornar situações complicadas? Esses cenários podem facilmente ser um desafio para quem não está acostumado.

É aí que o velho furador vem a calhar. "Olhe, de acordo com a minha experiência...", você poderá dizer, depois de um tempo.

O velho furador pode manejar as habilidades refinadas que vêm com a maturidade.

23

ACEITE AS CIRCUNSTÂNCIAS,
SEJAM ELAS QUAIS FOREM

Não importa se elas são favoráveis ou adversas.

"Como? Uma transferência para um escritório de vendas regional? Por que eu?"

"Por que essas coisas só acontecem comigo?"

Diante de uma situação inesperada, qualquer um pode reagir dessa forma.

Mesmo que não seja uma mudança radical como uma transferência regional — o problema pode ser alguém que queira trabalhar com vendas e esteja preso no departamento pessoal, ou alguém que queira se desafiar com planejamento estratégico e acaba na contabilidade —, exemplos como esses podem gerar ressentimento e mágoa.

As circunstâncias da nossa vida estão em constante transformação. E em períodos de dificuldades econômicas, a nossa situação no trabalho provavelmente sofrerá mudanças profundas. Mas isso é o esperado.

Todos conhecemos o preceito "Tudo passa". Ele, na verdade, vem do budismo, e diz que todas as coisas no mundo estão em constante transformação; nada permanece o mesmo sequer por um instante. Estamos em um estado de transição perpétua.

Dito isso, a verdade é que aceitamos as boas mudanças com prazer e temos dificuldade para suportar as ruins.

Por mais que nos sintamos desencorajados, por mais que nos preocupemos, isso não mudará as circunstâncias. Pelo contrário, apenas vai aumentar os sentimentos negativos, criando um redemoinho de ressentimento e tristeza que nos levará a um beco sem saída psicológico.

Não devemos pensar assim.

Você é capaz de tirar vantagem de qualquer circunstância — a experiência adquirida pode ser a linha de partida para o futuro, rumo ao progresso; pode ser o que vai sustentar você.

Konosuke Matsushita, o fundador da Panasonic, disse: "Sejam as circunstâncias favoráveis ou adversas, o importante é passar por elas com alegria". Com certeza, é um ditado inteligente.

Quando você vive com alegria, não existem circunstâncias boas ou ruins. Não há mais nada a fazer a não ser aceitar a situação em que você está.

Se você for transferido para as vendas regionais, pense nisso como uma oportunidade de construir uma rede de relacionamentos. Você pode se esforçar para fazer novas conexões e dedicar total atenção a cada cliente. Isso irá melhorar rapidamente a sua perspectiva.

Seja qual for a sua área de atuação, cultivar relacionamentos baseados em confiança com pessoas de diferentes localidades é um mecanismo poderoso e um valioso recurso.

Da mesma forma, se você trabalhar com afinco na contabilidade e acumular conhecimento sobre escrituração, por exemplo, isso não servirá para você no futuro? Os planos de negócios feitos por alguém com sólidos conhecimentos de contabilidade e de custos têm maior probabilidade de durar um longo tempo.

No zen, costumamos dizer: "Todo dia é um bom dia".

Não quer dizer que a vida é uma sucessão de dias bons. Haverá dias ensolarados e dias chuvosos. Às vezes, você poderá se banhar nos delicados raios solares. Em outras, precisará resistir ao vento gelado. Mas, independentemente da atmosfera, você ganhará a experiência inestimável de ter vivido aquele dia, que será valioso para a sua trajetória. A interpretação do zen é que todos os dias são significativos e, portanto, sempre há coisas boas a ser encontradas.

As circunstâncias não devem influenciar a maneira como você vive.

A maneira como você vive afetará a forma como você percebe as circunstâncias.

24

FAÇA HOJE O QUE DEVE SER FEITO HOJE

O segredo para viver sem amarras.

"Estou ocupado."

"Não tenho tempo suficiente."

"Estou sempre correndo contra o relógio."

Muitas pessoas no mundo dos negócios se sentem assim.

Em muitas sociedades, o excesso de trabalho é comum, e parece que não há tempo suficiente no dia.

Inevitavelmente, o trabalho não será feito todo no mesmo dia, e costumamos cultivar uma postura de resignação em relação a isso: "Não preciso terminar nada hoje, então farei o resto amanhã, ou quem sabe quando...".

Só que agir assim faz com que você se sinta ainda mais limitado pelo tempo. Se você adiar para amanhã as coisas que deveria fazer hoje, o dia seguinte começará muito mais cheio.

Quando esse tipo de coisa acontece repetidas vezes, você acaba se atrasando e os prazos ficam mais apertados. Em algum momento, você sentirá a mente atribulada, e então se tornará impaciente e irritado.

Você já deve ter ouvido o ditado popular: "O tempo e a maré não esperam por ninguém". O tempo não acomoda os horários das pessoas — e a maré simplesmente avança, deixando a gente no seu rastro.

Isso se assemelha à noção de impermanência no budismo. Nada neste mundo permanece igual nem mesmo por um momento; tudo está em perpétua transformação. O tempo já seguiu em frente e nunca vai voltar.

Pode parecer óbvio, mas essa mesma obviedade pode ampliar a sua forma de pensar. Acho importante manter esse preceito em mente.

Termine de fazer hoje o que precisa ser feito hoje. Não há artifício mais eficaz para evitar a corrida contra o relógio ou se sentir limitado pelo tempo.

Hakuin Ekaku é conhecido como o restaurador da escola Rinzai de zen-budismo, e seu mestre foi Dokyo Etan, também conhecido como o Velho do Eremitério Shoju. Sob a estrita instrução de Dokyo Etan, Hakuin Zenji foi capaz de alcançar a iluminação. Estas foram as palavras de Dokyo Etan: "Os assuntos sérios só têm importância hoje".

Em outras palavras, até as coisas mais importantes estão aqui somente hoje — isto é, você deve viver cada momento com uma mente pura.

Viver o momento com uma mente pura — isso, acredite, significa fazer apenas as coisas que devem ser feitas.

Dokyo Etan também ensinou que não importa o quanto sejam dolorosas as coisas que temos de fazer, não há outro tempo para fazer senão agora — é assim que você vai superá-las. Adiar o que precisamos fazer só torna as coisas difíceis ainda mais difíceis.

Atrasar a realização das tarefas não significa que você pode deixar de fazer o trabalho. Você ainda vai ter que concluí-lo. E o seu tempo só se torna mais restrito.

Não julgue o que você tem que fazer pela dificuldade ou facilidade do trabalho — complete as tarefas em uma ordem metódica. Esse é o meu estilo.

Sou mestre de um templo budista, então nunca sei quando serei chamado para um funeral. Obviamente, os funerais são o chamado mais urgente. Nenhum outro trabalho pode ser feito ao mesmo tempo. Pode ser incômodo deixar as coisas pela metade, porque é difícil retomá-las depois que o fluxo foi interrompido.

É por isso que, quando estou trabalhando em um projeto de longo prazo, digo a mim mesmo: "Vou fazer essa parte hoje", e então me certifico de completar a meta que estabeleci para mim.

Além de ser um sacerdote, também sou paisagista, escrevo livros, dou aulas em universidades... então há todo tipo de atividade na minha lista de tarefas. As pessoas costumam dizer que 24 horas não são o suficiente. Mas eu nunca me sinto dessa maneira — não me sinto pressionado pelo tempo.

Faça hoje o que deve ser feito hoje.

Por que não completar as suas tarefas agora mesmo?

25

SIMPLESMENTE NÃO FUJA

O fracasso não é o fim da sua vida.

Ninguém quer fracassar. Mas o medo de cometer erros no trabalho pode fazer com que você se torne avesso ao risco. Você reprime a vontade de assumir novos desafios, e ao priorizar a "segurança" perde a motivação e as oportunidades de crescer.

Olhe antes de pular, diz o ditado. Mas se você olhar e não pular, ou se não conseguir se convencer a pular, estará se prejudicando. O fracasso é inevitável. E se você tentar esconder os seus erros, vai acabar se tornando uma pessoa ressabiada, o que é ainda pior do que falhar: a tentativa de esconder o fracasso pode transformá-lo em algo maior.

Quaisquer que sejam as circunstâncias, a melhor solução é pedir desculpas — imediatamente e de maneira franca. Mesmo que você consiga encobrir seu erro, não mudará o fato de que ele existe. Então, quando for tentar recomeçar, precisará tomar ações reparadoras.

Acredito que é necessário admitir os seus erros prontamente para que todos os envolvidos tenham noção da situação completa. Dessa forma, mesmo que a falha tenha sido ocultada, quando for descoberta, se isso acontecer, ninguém se sentirá cúmplice.

O fracasso não significa o fim da sua vida. Não precisa ser um entrave — e se você simplesmente resolver não deixar a mesma coisa acontecer de novo?

No zen, dizemos: "Todas as coisas vêm do nada". Cada um de nós nasce sem nada, e como esse é o nosso estado original, não adianta ter apego pelas coisas.

Não querer perder o emprego é uma forma de apego. Se você perder o emprego, vai precisar encontrar uma nova maneira de se sustentar, mas não há necessidade de se preocupar com isso, a menos que aconteça. Claro, uma coisa é prejudicar a reputação da empresa ou desperdiçar uma boa quantia de dinheiro, mas é improvável que um ou dois erros acarretem a sua demissão.

Mesmo que aconteça, isso só vai pôr você de volta onde começou, no seu estado original do nada. E todos nós somos abençoados com o poder do recomeço.

Se você desapegar da empresa ou do seu cargo, verá que não há motivo para temer o fracasso. E você poderá ser mais proativo no trabalho — poderá até se expressar melhor e demonstrar as suas habilidades com mais leveza.

Kazuo Inamori, que assumiu o cargo de CEO da Japan Airlines e a conduziu por uma reestruturação depois da falência, é também um mestre zen-budista. Ele disse uma vez: "O fracasso não existe. Você não pode fracassar se estiver desafiando a si mesmo. Você só fracassa quando desiste".

É importante lembrar o nosso estado original, lembrar que "todas as coisas vêm do nada". Espero que você continue desafiando a si mesmo sem temer o fracasso.

26

SEJA MAIS TOLERANTE

Seja você mesmo, e deixe que os outros sejam eles mesmos.

Existe o provérbio: "Tantos seres, tantas mentes". Em um grupo de dez pessoas, haverá dez personalidades e opiniões diferentes.

Isso se estende ao ambiente profissional, onde as pessoas com quem trabalhamos — sejam elas superiores ou subordinadas — têm diferentes personalidades e opiniões. Isso sem falar nas variadas perspectivas sobre a vida.

É natural às vezes se frustrar com quem tem uma filosofia de vida diferente da nossa. Vamos imaginar, por exemplo, que seu chefe seja muito apegado à família. Você pode reclamar que ele deixa o escritório assim que dá o final do expediente porque prioriza a família, enquanto todo mundo ainda está trabalhando duro. Esse comportamento pode não ser visto como "profissional".

Um gerente pode criticar os seus subordinados por viverem de uma maneira que ele considera fútil, advertindo-os sobre a importância de economizar para o futuro. Ou um chefe muito metódico vai estalar a língua e lançar um olhar irônico sobre os seus funcionários menos meticulosos.

Mas vou dizer de novo — tantos seres, tantas mentes. Há pessoas de todo tipo. Não importa qual seja a sua filosofia de vida, criticar a maneira como os outros pensam é uma insensatez. É claro que, se isso impactar o trabalho de forma negativa, é necessário que você converse com eles a respeito, mas, caso contrário, o princípio básico é aceitar as perspectivas diferentes.

Acredito que a incapacidade de compreender isso é a causa de muitos conflitos no ambiente de trabalho. Pergunte a si mesmo: a origem da sua frustração com os seus superiores ou subordinados tem alguma coisa a ver com a imposição dos seus valores sobre eles?

Aceite o ponto de vista das outras pessoas. Ao fazer isso, você irá eliminar o aborrecimento e viver de forma mais despreocupada e feliz. Outro ponto positivo é que poderá reconhecer os pontos fortes e fracos de cada um.

Digamos que você trabalhe na divisão de planejamento e está encarregado de elaborar propostas de estratégia e apresentar para os seus colegas. A seguinte situação pode surgir: "Eu trabalhei duro para elaborar essa proposta, e aí esse sujeito chega, faz a apresentação baseada no meu trabalho e recebe todo o crédito — é um trabalho ingrato".

Pare e pense um pouco: o seu forte é elaborar propostas, então você deve concentrar a sua energia nisso e deixar as apresentações para aquele colega persuasivo. Você fica irritado quando sente que outra pessoa está levando o crédito pelo seu trabalho, mas pode passar a pensar da seguinte forma: "Deixe a proposta comigo. Vou fazer um ótimo trabalho, e a partir dele você pode fechar o acordo com uma excelente apresentação".

Essa separação de tarefas é uma forma de valorizar os pontos fortes de cada um e delegar os pontos fracos para os mais qualificados, permitindo que todos desfrutem de um trabalho melhor.

No departamento de vendas da sua empresa, algumas pessoas se destacam nos cálculos detalhados das negociações, enquanto outras são muito eficazes no relacionamento com o cliente. Reconhecer os pontos fortes e fracos de cada membro da equipe possibilita uma divisão de trabalho harmoniosa, com a qual todos poderão ser mais eficientes e produtivos. Isso irá beneficiar você.

Mais uma coisa que eu gostaria de acrescentar: tenho uma regra fundamental, que é manter uma atitude tolerante com quem estou trabalhando para que as coisas corram bem.

Kaibara Ekken, intelectual confucionista e botânico especialista em ervas chinesas que viveu durante o período Edo, disse: "Os sábios, sendo sábios, aplicam a justiça a si mesmos e não aos outros. Pessoas comuns, sendo comuns, perdoam os outros e não a si mesmas".

Se assimilar esses princípios, seu relacionamento com os seus subordinados e superiores no trabalho não irá deixar você preocupado. Você poderá prosseguir com tranquilidade e confiança.

27

SIGA O FLUXO

A solidão é aceitável; o isolamento, não.

Existe um ditado, "Um homem tem muitos rivais", que pode ser mais familiar para as pessoas mais velhas. Pode parecer estranho dizer que o mundo é um lugar tão duro, mas há pessoas que realmente andam por aí fazendo inimigos.

Como o sujeito no trabalho que, de forma agressiva, busca os próprios interesses. Certamente, ele precisará dispor de certa habilidade para alcançá-los, mas também causará conflitos. E não posso deixar de pensar que toda a discórdia gerada um dia aparecerá como um obstáculo no seu caminho.

Digamos que você esteja trabalhando no projeto mais importante da sua carreira, e mal consegue montar uma equipe porque tem rivais em todos os lugares. Você corre o risco de ouvir os colegas dizerem: "Você não vai ficar satisfeito, a não ser que seja feito do seu jeito, então por que você mesmo não faz? Não queremos ouvir falar de colaboração".

No entanto, a empresa provavelmente separa os funcionários em equipes, e você pode se ver cercado de colaboradores iniciantes que, pelo menos por fora, parecem cooperar, então é fácil imaginar que as coisas vão bem.

Dizem que os líderes são solitários por natureza, mas não devem se isolar. Quando fazem isso, são incapazes de cumprir o seu papel, e então a impaciência e a irritação tomam conta.

Sempre que você estiver em um cargo de liderança e inspiração, haverá um fluxo além do seu controle. Siga o fluxo. A água não disputa com a rocha; toma um curso ligeiramente diferente e continua se movendo. Ela segue o fluxo, infalível, em direção ao seu objetivo, até desembocar no oceano.

"Seguir o fluxo parece uma boa ideia, mas e quanto aos meus objetivos?"

É assim que você vê as coisas?

Seguir o fluxo não é a mesma coisa que se deixar levar. Avalie a direção da corrente, analisando a sua intensidade, e então, em vez de lutar contra ela, se deixe conduzir à sua própria maneira, no seu ritmo. Para mim, esse é o significado de seguir o fluxo.

No zen, falamos sobre "uma mente flexível". Somos instruídos a ser maleáveis e receptivos. A determinação inabalável pode parecer forte e admirável por fora, mas também está associada à instabilidade e rigidez mental.

Essa tendência leva a uma perspectiva restrita, a uma desaceleração das ações. E não é isso que causa a estagnação? Pior: os funcionários iniciantes podem virar as costas, deixando o chefe entregue à raiva e à frustração.

Por que não praticar uma mentalidade flexível e ser como a água, acompanhando o fluxo?

28

NÃO FALE POR FALAR

Em vez disso, escolha o "silêncio cordial".

Nesta seção, eu gostaria de falar sobre o dom do silêncio.

Não sei se você já ouviu alguém ser descrito como "tão eloquente quanto hábil". Estamos falando aqui de alguém capaz de se comunicar, tanto em atos como em palavras, com prudência, sem cometer erros. Outra palavra para descrever esse tipo de pessoa é "versado".

A capacidade de se comunicar bem é importante para construir relacionamentos e se sair bem no trabalho. Atrair as pessoas com um discurso convincente é um componente do carisma. E, no trabalho, a maneira como você fala pode determinar o seu sucesso ou fracasso.

Essa competência é tão importante que o fato de não ser um orador eficaz pode abalar a sua autoconfiança. As prateleiras das livrarias estão lotadas com títulos sobre a habilidade de falar em público.

O zen ensina uma abordagem diferente.

Temos um preceito que diz: "A iluminação não depende das palavras ou da escrita, e o despertar espiritual só pode ser alcançado através do discernimento intuitivo". Aquilo que é mais importante não pode ser expresso em letras ou em páginas — a essência do ensinamento budista é transmitida fora das escrituras e dos sermões.

É possível até dizer que este é um princípio fundamental do zen.

Os jardins zen que eu projeto, principalmente os chamados jardins secos, são compostos sobretudo de rochas e areia branca. Eu decido onde arrumar as pedras, quantas vou usar e que tipo de padrões de onda farei no cascalho. São decisões importantes, é claro, mas igualmente primordial na composição de um jardim seco é escolher onde não pôr coisa alguma, ou seja, o espaço vazio.

A quietude profunda, a calma arrebatadora que você sente ao se postar diante de um jardim zen deriva das reverberações entre as rochas, a areia e o espaço vazio. O poder expressivo inerente a esse espaço vazio é o que deve ser representado na composição.

Na tradicional arte performática japonesa do teatro nô, a pausa silenciosa tem grande importância. O público percebe o significado, prendendo a respiração durante esses momentos de tranquilidade.

Outro exemplo é a arte de contar histórias de *rakugo*, na qual a pausa é estendida de propósito para aumentar o efeito das piadas.

No silêncio, existe um tremendo poder expressivo. Às vezes, ele pode transmitir sentimentos mais profundos do que as palavras.

No trabalho, ao expor as vantagens do seu produto, em vez de fazer um discurso eloquente usando um monte de palavras, pense que pode ser mais benéfico ouvir com atenção as necessidades dos seus clientes, o que eles estão pedindo, para que eles tenham uma boa impressão.

As pessoas tendem a não levar esse fator em consideração nos seus discursos de venda. A abordagem, então, pode parecer agressiva. Tudo o que o cliente ouve é o discurso habitual de benefícios e vantagens. Eles sabem que você não está escutando.

Quando o cliente percebe essa agressividade, nem mesmo o orador mais talentoso seria bem-sucedido. A fala mansa apenas arranha a superfície, na minha opinião.

Parar para ouvir, por outro lado, definitivamente oferece uma vantagem. O que isso transmite? Sinceridade, por exemplo. Os verdadeiros vendedores, aqueles que produzem resultados, sabem que essa é a melhor maneira de acertar.

Os clientes percebem se os vendedores prestam atenção neles, se os seus desejos e as suas necessidades são levados em consideração. E quando isso acontece, uma relação de confiança é estabelecida. Eles pensam: "Eu acredito no que essa pessoa diz", e "Se ele diz isso, deve ser verdade", e decidem comprar o que você está vendendo. E vão querer comprar apenas com você.

Isso não se limita à área de vendas. A confiança é de extrema importância em qualquer tipo de trabalho.

Ser uma pessoa eloquente só o levará até certo ponto, enquanto o silêncio cordial constrói a confiança. Sendo este o caso, você não precisa se esforçar tanto para ser o orador mais desenvolto, certo?

Existe uma história zen que demonstra bem o dom do silêncio.

Vimalakirti era um leigo budista, e em um diálogo com um bodhisattva ele respondeu com silêncio. Isso ficou conhecido como "o silêncio estrondoso de Vimalakirti".

O silêncio pode ter um impacto tão forte quanto um trovão retumbante.

Então, para aqueles que têm medo de falar, não há necessidade de se preocupar.

29

AJUSTE A SUA RESPIRAÇÃO

A maneira zen de respirar,
que alivia a frustração e a preocupação.

Há momentos em que temos muita energia para enfrentar os desafios no trabalho, mas às vezes nos vemos esgotados e sem motivação. Somos tomados pela alegria quando temos êxito, e cerramos os dentes se somos repreendidos pelo nosso chefe ou quando algo escapa ao nosso controle, nos deixando furiosos.

Essas alterações mentais também afetam o nosso comportamento. Quando as nossas emoções são muito intensas, elas podem se tornar um problema e acabar dando a seguinte impressão a quem está ao nosso redor: "Ele se irrita com muita facilidade. É melhor não dar motivo".

Ou: "Ela é imprevisível, temperamental. Melhor não levar o que ela diz a sério".

Um preceito zen, "A mente comum é o melhor caminho", enfatiza a importância de cultivar um ambiente calmo e tranquilo. Ele nos ensina a diminuir a intensidade das nossas emoções.

A maneira de fazer isso é através da respiração.

No zen, falamos sobre harmonizar a nossa postura, a nossa respiração e a nossa mente. Ajustamos, nessa ordem, o nosso corpo, depois as nossas inspirações e expirações e, finalmente, a nossa condição mental.

Esta é a santíssima trindade — cada uma dessas etapas está profundamente conectada com as outras. Então, para regular a nossa respiração, primeiro devemos regular o nosso corpo. Ajustamos a nossa postura, então ajustamos a nossa respiração, e então a nossa mente será tranquilizada.

Quando você estiver irritado e sentir o calor subindo para o rosto, respire fundo.

Concentre a atenção no seu *tanden* — o ponto sete ou oito centímetros abaixo do umbigo — e expire totalmente, soltando todo o ar na sua barriga. Uma exalação completa é importante. Na palavra japonesa para "respiração", 呼吸 (*kokyu*), o caractere para "expirar" vem antes do caractere para "inspirar" — exalar vem antes de inalar. Depois de ter expirado completamente, a inalação vem de forma natural e automática.

Para facilitar a repetição desse tipo de respiração abdominal — a respiração pelo seu *tanden* —, você deve alongar a coluna e endireitar a postura. Você não consegue respirar pela barriga quando está inclinado para a frente ou encurvado. Ao praticar a respiração pelo *tanden*, a raiva que se instalou nos seus ombros vai se suavizar, a tensão mental vai ser liberada, e de repente você se sentirá mais relaxado.

Então você vai achar mais fácil lidar com as pessoas. Talvez se sinta um pouco mais plácido, capaz de observar as coisas com mais desapego. Ou pode ser que perceba a tolice de se irritar por qualquer coisa.

Já fiz uma referência a Itabashi Zenji, e vou citá-lo de novo: "Não permita que a raiva chegue à sua cabeça".

Quando guardamos a raiva para nós mesmos, recolhida no nosso estômago, podemos administrar as nossas emoções exacerbadas e evitar dizer coisas que não devemos — mais cedo ou mais tarde, a raiva irá se dissipar naturalmente.

Dizem que Itabashi Zenji costumava recitar para si mesmo: "Sr. Obrigado, sr. Obrigado, sr. Obrigado", como uma espécie de prevenção contra a raiva. Não parece o método perfeito para manter uma mente calma?

Uma boa sugestão é escolher um mantra ou um cântico — o que funcionar melhor para você, seja uma palavra ou uma frase favorita ou algo que conforte e acalme. Claro, você poderia recitar o seguinte zengo: "A mente comum é o melhor caminho".

Não precisa fazer isso só nos momentos de irritação. Você pode respirar pela barriga e recitar um mantra para emoções positivas, em ocasiões felizes, ou sempre que os seus sentimentos forem despertados. É importante controlar o modo como você expressa alegria também — ser efusivo em excesso só vai fazer as pessoas levantarem a sobrancelha.

Pensando nisso, eis outro ditado: "Na vitória, lembre-se da sua humildade. Na derrota, lembre-se do seu espírito de luta".

Vamos cultivar uma mente calma e tranquila.

30

ALTERE O "AR" DE CASA

Faça isso assim que acordar de manhã.

Acredito que existem várias maneiras de proporcionar um sentimento de paz e tranquilidade na sua vida. Um deles é "um teto todo seu". Você tem um espaço para chamar de seu?

Para quem trabalha fora, esse espaço pode ser o local de trabalho — onde passamos pelo menos oito horas por dia. Mas há outras coisas a se considerar sobre esse espaço próprio.

Os ambientes de trabalho, na maioria das vezes, são frenéticos, exasperantes, emocionalmente carregados e estressantes — dificilmente o tipo de espaço onde você teria tranquilidade. Nenhuma surpresa, já que o mundo dos negócios promove a competição entre as pessoas dentro e fora da empresa.

Além disso, por causa de cortes de funcionários, demissões e acordos de trabalho remoto, você nunca sabe quando poderá perder esse espaço.

Para quem passa muito tempo em casa quando não está no trabalho, bem, dentro de casa também pode não ser um lugar tranquilo. Passar um tempo de qualidade com a família é muitas vezes difícil, e é comum os familiares quase não conversarem uns com os outros, todos muito preocupados com as próprias refeições e se ocupando com os seus afazeres.

Para algumas pessoas, o bar ou restaurante onde param para tomar uma bebida ou comer alguma coisa no caminho de casa é o seu espaço próprio. Posso entender isso. Contudo, mesmo que estar nesses lugares gere algum tipo de satisfação, não deixa de ser um pouco triste.

No zen, temos um ditado: "Volte para casa e se acomode com tranquilidade". Simplificando, quer dizer que quando você vai para casa e se sente confortável, a esfera de calma que você habita ajudará a deixar a sua mente tranquila.

Em termos zen, o nosso lar diz respeito à natureza de Buda que reside em todos nós — é onde podemos ser nós mesmos. Em outras palavras, o nosso lar representa a alegria de descobrir a nossa natureza de Buda.

Isto é realmente o que o lar deve ser — o lugar onde você mais consegue ser você.

Talvez seja necessário remodelar o seu lar para alinhá-lo com essa perspectiva. Você pode considerar isso uma espécie de renovação, mas, como um dos fundamentos do zen é a prática, a questão principal é mudar a sua relação com o espaço.

Cumprimente a sua família com alegria quando acordar de manhã, e expresse a sua gratidão por ela estar ali. No começo, seus parentes podem ficar confusos e se perguntar o que está acontecendo com você. Mas depois de uma semana ou dez dias, eles vão se acostumar, e até mesmo apreciar o novo espaço que você está criando.

Há uma anedota sobre Hyakujo Ekai, que sabia a origem das regras que regem os mosteiros zen, que são chamadas Hyakujo Shingi.

Certa vez, um monge perguntou a Hyakujo Zenji: "Qual é a coisa mais maravilhosa que existe?".

Hyakujo Zenji respondeu: "Sento-me sozinho neste imenso pico sublime".

O que ele quis dizer foi que praticar o zazen era a coisa pela qual ele mais se sentia grato.

Naquele imenso pico sublime, Hyakujo Zenji era um monge líder — ou seja, o local era um templo zen. O templo é o lar dos monges. Isso traz grande segurança para eles, e não há nada pelo que se sintam mais gratos. É possível até dizer que isso acontece porque eles são iluminados.

Da mesma forma, o lar é um lugar de grande segurança. Cada vez mais a cada década que passa. Pense em quando você se aposentar. Você passará a maior parte dos dias em casa.

Se o seu lar for um lugar tranquilo, se a atmosfera for revigorante, a sua vida assumirá essas qualidades.

Então, por favor, comece a construir as bases para o seu aqui e agora.

Vou dizer novamente: o fundamental para o zen é a prática.

PARTE QUATRO

DICAS SURPREENDENTES PARA APRIMORAR AS RELAÇÕES

Como fomentar boas conexões e eliminar as ruins.

31

APRECIE AS SUAS CONEXÕES

Você não conhece as pessoas por acaso.

Quantas pessoas você acha que vai conhecer ao longo da vida?

Serão pessoas de todo tipo. E elas vão variar de acordo com o contexto — familiar, educacional, regional, relacionado ao trabalho, e assim por diante.

No entanto, o número de pessoas que vamos conhecer é extremamente limitado, em um mundo com uma população de mais de 7 bilhões de habitantes. Ainda assim, é quase um milagre que, entre esses 7 bilhões de pessoas, nós encontremos especialmente algumas delas.

Você já teve um encontro que considera um milagre?

Você pode achar que o acaso ou coincidências determinam quem você conhece. Mas, quando esses encontros acontecem, uma conexão é feita. No budismo, nos referimos a essas conexões como *innen*, e elas são consideradas de extrema importância. Entre as inúmeras pessoas que vêm e vão ao longo da vida, aquelas com quem você forma conexões são especiais. Isso acontece por causa do *innen* — quando o carma de causa e o carma de condição estão alinhados.

Com a chegada da primavera, as flores começam a desabrochar. Mas nem todas as flores se abrem ao mesmo tempo, ainda que estejam na mesma árvore. Apenas os botões que cresceram o bastante vão absorver o calor da primavera e, assim, florescer.

Mesmo que o vento sopre da mesma forma em todos os botões, aqueles que ainda estão muito fechados não vão florescer. Tudo o que eles podem fazer é permanecer no galho enquanto a brisa sopra sobre eles.

Para surtir o efeito (neste caso, a floração), a causa (isto é, o crescimento dos botões) precisa ter passado pelas condições certas para aproveitar o vento da primavera e formar uma conexão.

Tudo no mundo acontece de acordo com essa conexão cármica do *innen* — esse é um preceito fundamental do budismo.

Se considerarmos que os nossos encontros ao longo da vida acontecem dessa maneira, então talvez não haja coincidências e nada aconteça por acaso, e esses milagres sejam um presente do próprio Buda.

E se for esse o caso, então não podemos menosprezar esses encontros. Devemos aceitar com gratidão as nossas conexões com as pessoas.

No zen, falamos sobre a influência daqueles que entram na nossa vida.

Tudo é causado pelos encontros. Assim, devemos apreciar as pessoas que conhecemos, os lugares onde as encontramos e o modo como esses encontros acontecem.

Na cerimônia do chá, que está profundamente ligada ao zen, existe o ditado: "*Ichi-go ichi-e*". É um ditado bem conhecido, até mesmo fora do Japão. Uma maneira de traduzi-lo é "Uma vez na vida": você deve valorizar cada encontro, pois é possível que nunca mais veja aquela pessoa — pode ser a primeira e única chance que você tem de estar com ela —, então aproveite ao máximo o tempo que passarão juntos.

Se você adotar essa atitude, começará a apreciar cada encontro e se encherá de gratidão por todas as pessoas que irá conhecer.

"Foi incrível ter conhecido essa pessoa."

"Sou muito grato por termos cruzado o caminho um do outro."

Isso permitirá que você crie laços muito mais profundos com quem entra na sua vida.

32

FAÇA BOAS CONEXÕES

*Como criar uma espiral ascendente
de pessoas boas na sua vida.*

Você faz boas conexões? Ou acaba fazendo conexões ruins?

Todos nós nascemos com uma beleza pura, um coração que irradia como um espelho. Como eu já disse, o budismo ensina que "todos os seres sencientes, sem exceção, têm a natureza de Buda". Um bebê recém-nascido não tem interesse próprio, apegos ou ilusões.

Mas então somos expostos a diversas pessoas e circunstâncias e, à medida que acumulamos experiências, a nossa mente vai ficando desorientada. A forma como nos relacionamos com as pessoas tem um efeito tremendo sobre nós.

As pessoas se conhecem através das suas conexões. Quando você faz uma boa conexão, ela será ligada à sua próxima boa conexão, que irá atrair outras boas conexões.

Por exemplo, quando você consolida um relacionamento com uma pessoa, pode conhecer alguém realmente incrível através dela, e dessa outra relação você pode ser apresentado a outra pessoa com quem vai fazer uma boa conexão.

Isso pode se tornar um ciclo de reforço positivo e será benéfico para você, com esses relacionamentos aprimorando a sua rede de bons contatos.

Por outro lado, se você fizer uma conexão ruim, o oposto pode acontecer. Você começará um ciclo de relacionamentos ruins — e antes que você perceba sua vida terá se tornado uma bagunça.

Para fazer boas conexões, é necessário preparação.

Mas que tipo de preparação?

Uma coisa que você pode fazer é estar o mais comprometido possível, não importa o que escolha fazer. Parece simples, mas você ficaria surpreso com o esforço extraordinário necessário para manter esse compromisso.

Por natureza, os seres humanos buscam o caminho mais fácil. Quando você começa a relaxar um pouco, tudo se torna uma bola de neve, e você pode acabar fazendo as coisas com pressa e sem atenção.

Logo as pessoas vão começar a dizer: "Aquele sujeito... sempre faz uma confusão quando pedimos algum favor a ele". E uma vez que você é visto dessa forma, ninguém vai querer abrir sua rede pessoal para você. Não importa o quanto você procure boas conexões, elas permanecerão fechadas, e você também não conseguirá evitar fazer conexões ruins.

Cercado de conexões ruins, você sentirá o seu espírito ficar cada vez mais confuso e perderá a estabilidade, coberto de ansiedade, preocupação e medo.

Existe um zengo que diz: "Cada passo é um lugar para aprender". É um dos meus favoritos — a ideia de que não importa aonde vamos, sempre há algo a aprender, e tudo o que fazemos pode ser uma prática.

O zen ensina que tudo requer disciplina. Portanto, devemos dedicar a mesma atenção às práticas de zazen, às refeições, à limpeza da casa e até mesmo ao momento de lavar o rosto.

Aplicando esse preceito ao seu trabalho, seria inaceitável se empenhar para realizar grandes projetos e não dedicar os mesmos esforços aos menores. Isso é o que causa os relacionamentos ruins.

Você deve dar o seu melhor no trabalho, não importa qual seja. Ao fazer isso naturalmente, você irá atrair boas conexões. Outras pessoas vão perceber se você estiver trabalhando com dedicação em um projeto que pode ser subestimado ou negligenciado.

Em pouco tempo, você pode ser convidado pela sua chefe para fazer parte da equipe dela em um próximo projeto. Isso vai aprofundar seu relacionamento com ela e iniciar um ciclo de boas conexões.

33

DÊ A PREFERÊNCIA AOS OUTROS

*Um dos melhores segredos para se relacionar bem
está no "depois de você".*

O meu trabalho como paisagista muitas vezes me leva a outros lugares do mundo, e eu sempre observo que cada país tem de fato um caráter nacional próprio.

Por exemplo, na China, parece que quase ninguém dá preferência a outros carros no trânsito. E, quando alguém quer mudar de faixa, simplesmente avança e força a entrada. As estradas parecem um campo de batalha.

A impressão é que todos estão sempre tentando se afirmar, e na China isso pode muito bem ser uma necessidade — é possível afirmar que o caráter nacional condiz com a demanda da cultura.

No Japão, por outro lado, se você se pusesse constantemente em primeiro lugar, o seu trabalho e os seus relacionamentos seriam prejudicados.

Assertividade é uma coisa, mas agressão individualista torna difícil obter o apoio das pessoas ao seu redor. "Aquele sujeito nunca fica satisfeito a menos que esteja no comando, então deixe que ele faça tudo sozinho." Isso pode levar as pessoas a virarem as costas quando você precisar de cooperação e colaboração.

Acredito que a melhor posição para ocupar é o segundo

lugar, onde se pode dizer: "Depois de você". A pessoa passa para o primeiro lugar, saindo do caminho no momento, e você estará livre para se concentrar em si mesmo ou, caso esteja no ambiente de trabalho, para adquirir novos conhecimentos ou aprender habilidades práticas.

Na forte segunda posição, você também é empurrado à frente, sem sequer se mover. Esse é o melhor lugar para ocupar. Ao contrário daqueles que se põem em primeiro lugar, é menos provável que você se frustre quando estiver na frente. Em vez disso, você verá que os outros ficarão felizes em ajudá-lo. Antes que perceba, terá adquirido habilidades de liderança mesmo que ainda esteja no segundo lugar, no "depois de você".

Fora do ambiente de trabalho, a mentalidade "depois de você" ilumina as coisas ao seu redor e deixa os outros mais felizes. Quando uma pessoa no ônibus tenta se sentar no mesmo lugar que você e nenhum dos dois cede, a atmosfera se torna tensa e preocupante. Mas, se você disser "vá em frente", receberá um "obrigado" e um sorriso de gratidão.

Ou quando você sai para beber ou jantar com os amigos, em vez de correr para se servir primeiro, você pode dizer "depois de você", e conquistar uma reputação de alguém gentil e agradável.

A maioria das pessoas fica feliz em receber a oportunidade de passar para o primeiro lugar, e é bom para a sua imagem não brigar para ocupar uma posição. Você irá exalar um ar de tranquilidade e confiança; o que poderia ser mais atraente do que isso?

Há um ditado zen: "Rosto afável, palavras amorosas".

Já falei sobre o discurso afável no capítulo 21; o rosto afável é diferente. Esse ditado vem da escritura budista conhecida como o Sutra da Contemplação da Vida Imensurável. Ele nos ensina a interagir com as pessoas com um sorriso tranquilo e um diálogo atencioso.

Um sorriso tranquilo e um diálogo atencioso estão incluídos nos Sete Dons do *Dana* Espiritual. Quando colocamos "Rosto afável, palavras amorosas" em prática, adotando um sorriso tranquilo e estabelecendo um diálogo atencioso, estamos oferecendo dois dos sete *dana* espirituais de uma só vez.

Dar preferência aos outros ao dizer "depois de você" exemplifica a prática de "rosto afável, palavras amorosas". Ao exercitar esse preceito todos os dias, iluminamos a vida dos que estão ao nosso redor, espalhamos felicidade e aumentamos a nossa sensação de paz. É quase bom demais para acreditar.

A vida é um acúmulo de dias. Encontrar mais tranquilidade a cada dia que passa é um longo caminho para cultivar uma vida plena.

Adicione "depois de você" aos seus princípios orientadores.

34

NÃO EXERÇA A LÓGICA

É importante que todos sejam preservados.

Ouço muitas pessoas dizerem que arruinaram seus relacionamentos das maneiras mais inesperadas. O que elas querem dizer com isso?

Mas antes vamos pensar um pouco na ideia de "todos saem ganhando" — uma situação vantajosa para todos. Não tenho certeza exatamente de quando essa expressão começou a ser usada, mas parece ter sido popularizada através do trabalho de Stephen R. Covey, o autor mundialmente famoso de *Os 7 hábitos das pessoas altamente eficazes*.

Essa abordagem está relacionada com o que pode ser um conceito japonês, a ideia de "preservar as aparências". Seria bom mantermos isso em mente — tanto no trabalho quanto nos nossos relacionamentos.

Se você tem a tendência de insistir que está certo e se recusa a ouvir os outros, não irá demorar muito para que os seus relacionamentos azedem e tudo comece a desmoronar: "Você não entende, você está errado. As coisas são assim".

Ao acreditar que a lógica está inegavelmente a seu favor, ou se viver impondo a sua opinião sobre os outros, você nunca vai fazer amigos.

Quando você justifica um argumento dizendo que parte de uma premissa "lógica", está automaticamente se pondo em uma posição mais alta do que a pessoa com quem está falando. Isso não fomenta uma relação de confiança e compreensão.

Surpreendentemente, no entanto, há muitas pessoas que fazem isso.

Quem lê essas palavras e pensa "Agora que você mencionou, talvez eu sempre insista que estou certo ou em fazer as coisas da minha maneira" deveria refletir sobre isso. Você pode estar prejudicando os seus relacionamentos sem perceber, e correndo o risco de ter um comportamento do qual pode se arrepender profundamente.

Em todo lugar, você vai encontrar pessoas que expressam confiança no que afirmam e que acham que estão sempre certas. Mas, mesmo se as opiniões ou ideias dos outros forem diferentes das suas, é imaturidade tentar calá-los.

Só quando aceitamos que outras opiniões ou formas de pensar são legítimas, mesmo que não concordemos com elas, podemos fazer alguém sentir a nossa generosidade de espírito. E fazer isso fortalecerá a nossa opinião. É uma forma de permitir que todos possam se preservar, e evitar atritos desnecessários.

Não existem ideias ou opiniões inquestionáveis. Há diversas maneiras de ver as coisas. Posso pensar em várias ocasiões em que, ao aceitar as ideias e opiniões dos outros, pude perceber as falhas no meu pensamento, o que me ajudou a reconhecer os meus erros.

Preservar as pessoas não significa que você tem que se render ou mudar de opinião. Pelo contrário, a sabedoria na ideia de que todos possam se preservar é a possibilidade de expandir e aprofundar os pensamentos, assim como facilitar as relações, produzir bons resultados no trabalho e promover o desenvolvimento pessoal.

Ao preservar a outra pessoa, você cria uma oportunidade para que a sua opinião também seja considerada com boa vontade, o que irá gerar um ambiente propício para uma discussão aberta. Cada lado tem algo a aprender com o outro, estabelecendo um ambiente positivo e fortalecendo a relação.

A única coisa que você consegue ao discutir com alguém até calar essa pessoa é uma sensação vazia de triunfo. Você preferiria isso a um relacionamento fundamentado em competição amistosa no qual todos se preservam? Acho que você já sabe a resposta.

35

PASSE DEZ MINUTOS POR DIA EM CONTATO COM A NATUREZA

Encontre o momento em que o seu espírito será livre de repente.

"Tenho tanta coisa para fazer... O dia passa, e eu nem percebo."

As pessoas vivem em um ritmo demasiadamente rápido, com a vida sobrecarregada. Enquanto estamos acordados, o nosso cérebro permanece alerta praticamente o tempo todo. Tenho a impressão de que a nossa intuição e sensibilidade recebem muito menos estímulo.

Intuição e sensibilidade, ao contrário de conhecimento e educação, são laços vitais que unem uma pessoa a outra. Talvez porque a nossa vida aconteça em um ritmo tão rápido, a intuição e a sensibilidade das pessoas se tornaram debilitadas, dando origem a relacionamentos estranhos ou enfraquecidos.

É necessário permitir que a parte pensante do nosso cérebro descanse quando acionamos a intuição e a sensibilidade. Não sou neurocientista, mas pelo que sei, quando paramos de pensar, serotonina é liberada no cérebro. Isso nos deixa relaxados e aprofunda a nossa intuição e sensibilidade.

É exatamente o que você sente quando faz uma sessão de zazen. Mas entendo que pode ser difícil praticar o zazen uma vez ao dia. Então eu gostaria de recomendar que você reserve um tempo para experimentar a natureza.

"Isso parece muito bom, mas eu moro na cidade, onde não é tão fácil desfrutar da natureza." Eu compreendo. Nas cidades, você não pode sair de casa e imediatamente estar na natureza. Mas ainda assim é possível, ao menos um pouco.

Pela manhã, abra uma janela ou, se o seu apartamento tem uma varanda, por que não sair para ouvir o som do vento ou o canto dos pássaros? Você poderia ir a um parque próximo para ver quais árvores e flores estão desabrochando. Ou olhe pela janela à noite para observar a mudança das estações e as fases da lua.

Não precisa ser uma coisa demorada. Com o tempo que tiver, deixe a sua mente inerte enquanto entra em contato com a natureza. Use esse tempo para permitir que a sua intuição se aprofunde, para recuperar a sua sensibilidade.

Existe um zengo para isso: "Quando vir uma flor, saboreie a flor. Quando vir a lua, saboreie a lua". Ou seja: cada encontro com a natureza deve ser experimentado plenamente.

Em outras palavras, não se preocupe com coisas desnecessárias; apenas deixe a sua mente vagar, e se entregue de corpo e alma à natureza.

Se as suas manhãs são muito ocupadas, ou não há um parque próximo, ou se você não tem tempo à noite para contemplar a lua... que tal fazer uma pausa de dez ou quinze minutos no trabalho para subir até o terraço e observar o sol se pôr, ou admirar a vegetação nos jardins lá embaixo?

"O sol está se pondo cada dia mais cedo."

"Ah, as folhas das árvores estão começando a mudar de cor."

Você terá esses pensamentos porque estará em sintonia com a natureza. E, à medida que gradualmente começar a aprofundar sua intuição e sensibilidade, sua mente estará livre de aborrecimentos e dores de cabeça das suas interações cotidianas.

Agora, vamos parar de usar o cérebro e aprimorar a nossa intuição e sensibilidade.

36

FAÇA COM QUE AS PESSOAS QUEIRAM VER VOCÊ DE NOVO

O modo zen de cultivar o carisma.

Existe um importante princípio nas relações sociais. A chave é o caractere chinês 恕 (*jo*).

Muitos de nós sentimos que existe alguma tensão nos nossos relacionamentos ou que não somos bons em interagir com as pessoas. Mas a interação social é uma parte muito importante da nossa vida.

Por exemplo, em uma situação no trabalho, se você ficar dizendo "Ah, é tão cansativo ter que atender aquele cliente", essa relação nunca será produtiva. Ou se só de pensar em participar da reunião da associação de bairro você fica deprimido porque acha difícil se relacionar com os outros, não poderá desfrutar da sua comunidade.

Essas são as desvantagens da aversão à socialização. E ter consciência dessa aversão pode criar ainda mais estresse psicológico.

"Mas não há muito que possa ser feito a esse respeito, não é?"

É isso que você pensa? Na minha opinião, a solução não é tão difícil assim.

O importante é o caractere chinês que mencionei antes, 恕 (*jo*). Ele aparece em *Os analectos*, de Confúcio, em um diá-

122

logo entre o mestre e um dos seus discípulos, Zigong. O discípulo pergunta qual é a prática mais importante a ser mantida ao longo da vida. Confúcio responde:

"Que tal o 恕?"

A definição de 恕 tem sido muito debatida. Alguns dizem que significa "reciprocidade" ou "empatia", ou talvez até "perdão". Confúcio oferece mais uma resposta à pergunta do discípulo: "Não faça com os outros o que você não gostaria que fizessem com você".

Um conhecido ditado. Este é o espírito de 恕. É um princípio das relações sociais, e é a essência da reciprocidade. Não faça com os outros o que você não gosta que façam com você. Ao seguir esse simples preceito, certamente verá suas habilidades sociais melhorarem.

"Fico irritado quando alguém se atrasa."

"A arrogância desse sujeito é tão desagradável!"

"Ela levanta a voz tão rápido, e então não consigo dizer o que quero dizer."

Entendo que existem muitas coisas de que você não gosta nas outras pessoas. Quando resolve não fazer essas mesmas coisas, você verá que muitas mudanças positivas acontecem.

Se é sempre pontual nas reuniões, as pessoas vão achar que você é confiável; se fizer um esforço para ser educado e cortês, perceberão a sua importância. Uma fala tranquila estimula um sentimento de conexão com os outros.

Confiabilidade, sentir que é importante para os outros, felicidade e satisfação, conexão... tudo isso terá um efeito positivo nas suas relações. E a sua aversão social logo será superada.

Dando mais um passo à frente, você pode agir de maneira proativa e fazer pelos outros algo que te deixa feliz, coisas que te encantam e que fazem você se sentir grato.

Por exemplo, talvez você tenha feito uma visita a um cliente no escritório, e se lembra com carinho de como ele lhe agradeceu; ou é grato a alguém que sempre responde prontamente aos seus e-mails; ou não deixa de notar um colega que traz café para todos... você poderia agradar os outros com algumas dessas gentilezas com que foi presenteado.

Preste atenção às palavras de Confúcio: "Não faça com os outros o que você não gostaria que fizessem com você". Ao pôr isso em prática, você descobrirá que começou a desenvolver carisma. E que as pessoas vão querer conhecer você.

Dogen Zenji ensinou um conceito semelhante, que chamou de *doji*. Consiste em nos acomodarmos ao estado dos outros — quando estão alegres ou tristes, nós também devemos nos sentir dessa forma. É o mesmo espírito do conceito confucionista de reciprocidade.

Você ainda sente a mesma aversão à socialização?

37

ADMITA OS SEUS ERROS NA MESMA HORA

Não use só palavras,
faça o esforço de também transmitir emoções.

Qual é o seu histórico com os seus amigos?

No decorrer de uma longa amizade, certamente haverá desentendimentos ou palavras mal interpretadas. E isso pode dar origem a algumas desavenças.

Eu ficaria surpreso com melhores amigos que nunca tenham brigado. O importante é como você lida com isso, como você se reconcilia. Se não tomar cuidado, pode quebrar o vínculo que tanto se esforçou para cultivar.

Seria uma pena deixar um mal-entendido ou um pedido de desculpas atrapalhado arruinarem uma ligação verdadeira. Não é exagero dizer que a sua vida seria menos alegre sem essa amizade.

"Não demore a reparar os seus erros." Esse é um famoso provérbio de *Os analectos*, de Confúcio, mas pôr isso em prática pode ser difícil. Mesmo quando percebe que foi você quem causou um problema, por algum motivo hesita em pedir desculpas. É realmente tão difícil expressar arrependimento a um bom amigo?

A resposta também está em *Os analectos*: "Errar e não mudar de atitude; é isso que é errar".

Cometer um erro e não se desculpar — isso em si é um erro. Enquanto você debate se vai se desculpar ou como fará

125

isso, a situação só ficará mais complicada, e você corre o risco de não conseguir reparar a relação.

Um pedido de desculpas deve ser sempre imediato e pessoal. Quanto mais você esperar para fazer qualquer coisa, mais difícil será. Pedir desculpas também funciona assim.

Mesmo se você pedir desculpas prontamente, mas sem nenhuma tentativa de reconciliação, com o passar do tempo tudo vai se tornar ainda mais complicado. Não é difícil imaginar como a outra pessoa se sentiria.

"Quando ele pede desculpas logo em seguida parece que não é sincero" se torna "Qual é o problema dele? Será que ele percebe que me magoou?", e então "Talvez ele seja assim mesmo. Eu nunca imaginaria uma coisa dessas", e finalmente "Que cretino! Não acredito que fomos amigos por tanto tempo!".

É muito importante que o pedido de desculpas seja específico.

No zen, temos a palavra *menju*, que significa "face a face". Refere-se a um mestre e um discípulo que se encontram cara a cara para que os ensinamentos vitais do budismo sejam transmitidos não nas escrituras ou escritos, mas de maneira direta e na presença um do outro.

Isso se aplica perfeitamente ao pedido de desculpas.

Embora o e-mail tenha se tornado nossa principal forma de comunicação, ele não é adequado para transmitir a alguém a maneira como você realmente se sente ou o que você pensa de verdade.

Pense em como gostaria que alguém te pedisse desculpas. Se recebesse um e-mail dizendo "Desculpe pelo outro dia", você acharia um pedido sincero? Ou ficaria ofendido por terem mandado uma mensagem?

Isso não se limita ao pedido de desculpas — quaisquer sentimentos verdadeiros só podem ser expressos com sinceridade pessoalmente. Arrependimento, impressões, consideração pelos outros — é importante transmitir tudo isso de maneira direta e pessoal. A verdadeira profundidade dos seus sentimentos é passada em pessoa — nas suas expressões faciais, no tom da sua voz e no seu comportamento.

E isso só pode ser visto face a face.

38

NÃO HESITE EM PEDIR AJUDA

Alguém estará lá para estender a mão.

Existe um zengo: "Abra o portão e irá encontrar longevidade e felicidade".

Em outras palavras, ser sincero e honesto atrairá muitas coisas boas.

Quando você está passando por um momento difícil, enfrentando adversidades; se estiver tendo que lidar com muita coisa por conta própria... saiba que não precisa enfrentar tudo sozinho. Abra a sua mente. Quando precisar de apoio, em vez de carregar o fardo sozinho, é melhor pedir ajuda.

A modéstia e a perseverança são qualidades admiráveis, mas há momentos em que elas podem causar dificuldades. Um exemplo típico é o trabalho como cuidador. Em sociedades com envelhecimento populacional, o número de idosos que necessitam de cuidados continuará a aumentar, o que depositará um grande fardo sobre as famílias.

"É meu pai" — ou mãe, ou marido, ou esposa — "então tenho que cuidar dele", as pessoas pensam; portanto, não importa o quanto seja custoso, não importa a dificuldade ou o quanto seja trabalhoso, continuam fazendo isso sem reclamar. E o que logo teremos a seguir serão os mais velhos como cuidadores, quem está envelhecendo cuidando de quem envelheceu, o que pode levar a uma situação insustentável, que muitas vezes acaba mal.

As dificuldades no trabalho também se tornam insuportáveis. Existe o fenômeno de *karoshi*, ou morte por excesso de trabalho. Vemos também a depressão causada por atritos com colegas ou assédio de um supervisor. As pessoas podem sofrer além dos limites da sua resistência.

Por favor, não carregue esse fardo sozinho. Não hesite em pedir ajuda. Apenas expressando os seus sentimentos você vai tranquilizar a sua mente, e alguém estará lá para lhe dar a mão.

"O sofrimento, quanto aceito em conjunto e suportado em conjunto, é alegria."

Essas são as palavras de Madre Teresa, ganhadora do prêmio Nobel da paz. Se formos sinceros e honestos desde o princípio, e expressarmos a nossa dor em palavras, esta chegará aos ouvidos de alguém que pode ajudar a aliviar as nossas dificuldades. Compartilhar os nossos problemas irá transformá-los em felicidade.

Você não precisa hesitar.

Sobre o que você quer falar com alguém agora?

39

SEJA UM BOM OUVINTE

O objetivo de se relacionar é dar e receber.

"Tudo o que aquele sujeito faz é se lamuriar e reclamar. Mal consigo ficar perto dele."

"Cansei de ouvir a choradeira dela!"

Ouvimos coisas assim quase todos os dias. Seja um diálogo divertido ou uma conversa intensa, a melhor parte de se comunicar com alguém é o natural vaivém da fala — como um jogo de pega-pega. No entanto, o e-mail e as mensagens de texto se tornaram a nossa principal forma de comunicação, tanto no trabalho quanto na vida pessoal, e perdemos a oportunidade de ver os rostos uns dos outros e de criar um ritmo do momento. Assim, as coisas que queremos dizer ficam presas dentro de nós.

Por isso, é compreensível que as pessoas às vezes queiram liberar algumas de suas queixas reprimidas — isso pode ajudar a aliviar o estresse. A pessoa que está reclamando definitivamente irá apreciar, nesse caso, um bom e habilidoso ouvinte. Enquanto estiver desabafando, se a outra pessoa fizer uma óbvia expressão de descontentamento, como se dissesse "mais reclamações?", ou se for evidente que não está ouvindo com atenção, essas atitudes podem gerar o efeito oposto, ou seja, aumentar o estresse em vez de aliviá-lo. Isso pode fazer com que ela, de fato, passe a sentir pena de si mesma.

O que você, como ouvinte, deve compreender — além de ser cauteloso o suficiente para não interromper a conversa ou impedir o seu andamento — é que está lá para validar o que a outra pessoa tem a dizer, para oferecer a sua opinião e se mostrar compreensivo.

"Se alguém tivesse dito isso para mim, eu provavelmente teria surtado."

"Eu te entendo. É completamente normal ficar bravo por causa disso."

Respostas como essas indicam a sua compreensão, e quando você deixar claro que está ouvindo, a outra pessoa não sentirá que a sua reclamação é injustificada. A conversa acaba sendo um grande alívio do estresse.

Obviamente, a outra pessoa não deve hesitar em devolver o favor a alguém que a ouviu tão bem. Da próxima vez que você sentir vontade de resmungar, poderá receber dela a mesma atenção que lhe deu.

Essa dinâmica de dar e receber é o segredo para fazer os relacionamentos funcionarem. A partir do momento em que todos têm a liberdade para expressar as suas queixas quando necessitam, a relação pode se desenvolver e se aprofundar.

Existe o ditado zen que diz: "A brisa fresca afasta o luar resplandecente, e o luar resplandecente desfaz a brisa fresca". Sendo ambos belos fenômenos, cada um se destaca por si, e juntos expandem a beleza do todo.

Se aplicarmos esse preceito às relações humanas, podemos dizer que um amigo se apoia no outro, que então o apoia. Um conta com o outro quando mais precisa, e isso estimula a confiança, que dá origem a uma conexão profunda.

De fato, o vínculo entre duas pessoas se fortalece quando cada uma sente que foi ouvida. Mencionei os Sete Dons do *Dana* Espiritual do budismo, como é chamada a prática de dons que podemos oferecer aos outros.

Um dos *dana* é o "coração bondoso".

Ter um coração bondoso significa sentir empatia pelos outros. Devotar tempo para ouvir os problemas de alguém é, sem dúvida, um gesto de empatia. E se você aproveitasse a oportunidade de praticar esse dom? É uma parte importante do treinamento zen, pois ouvir o que incomoda os outros pode ser uma forma de aperfeiçoar o próprio coração — o que ajuda a aprofundar a sua generosidade como ser humano.

40

NÃO TOME DECISÕES
COM BASE EM LUCROS E PERDAS

*Os relacionamentos que não se fundamentam em
benefício próprio se destacam por si sós.*

Na vida, passamos por diversas etapas e momentos de
decisão. A cada uma delas, podemos perder a direção ou ser
atormentados por preocupações e dúvidas.

Somos forçados a fazer escolhas. E então precisamos de
um conjunto de critérios para decidir o que fazer. Naturalmente, esses critérios estão relacionados aos nossos valores.

Por exemplo, quando você procura um emprego, considera o tipo de trabalho, o salário, os benefícios, o tempo de férias,
a exigência do serviço, que tipo de status ele proporciona e a
localização do escritório, entre outros critérios, e então pesa as
vantagens e as desvantagens, ou os lucros e os prejuízos.

Esses padrões de lucro e prejuízo também estão presentes em relacionamentos. Nós calculamos as vantagens e as
desvantagens quando conhecemos as pessoas. Pode parecer
assim: "Eu conheci alguém, ele trabalha para tal empresa.
São clientes importantes para nós, não são? Com certeza
preciso conhecê-lo melhor. Vou ligar para ele amanhã de
manhã". Ou: "Ah, ela é apenas uma terceirizada, certo? Bem,
então eu não preciso me esforçar".

Você pode cultivar certos relacionamentos porque eles
são úteis ou vantajosos, ou desprezar alguém porque acha

que aquela pessoa não tem nada a oferecer. Fora do trabalho, também, você pode tentar agradar a pessoa que generosamente paga a conta e dispensar aquela que você pensa que não tem vantagem alguma a proporcionar.

Compreendo que o mundo não é feito apenas de idealistas, e que, não importa quem você é, um pouco de cálculo sempre entra em jogo. No entanto, não devemos basear os nossos relacionamentos na conveniência.

Se você procura alguém porque parece importante que você faça isso, não terá bons resultados. Ao tomar cuidado excessivo para não ofender certas pessoas ou não ser malvisto por elas, você estará sempre rastejando ou bajulando; irá se tornar submisso.

A relação estará desequilibrada, sendo a outra pessoa dominante, e você, subordinado. E em meio a tudo isso, o seu espírito se abaterá, e a sua energia irá diminuindo pouco a pouco. Você vai perder a sua luz, vai perder a confiança.

Temos um ditado no zen: "O caminho supremo não conhece a dificuldade; apenas evita parar para escolher".

O caminho supremo é o caminho para a iluminação. Costumamos pensar que, para alcançar a iluminação, devemos seguir austeros treinamentos e práticas, mas isso não é verdade. O caminho para a iluminação não é difícil. Só não devemos tomar decisões com base no cálculo e na ponderação de todas as possibilidades — simplesmente não podemos ser seletivos. Esse é o significado desse preceito zen.

As pessoas acreditam que o caminho para a iluminação é viver uma vida beatífica, uma vida de felicidade. Passar pela vida dessa maneira nos obriga a parar de avaliar — não devemos ser tão exigentes.

Pesar lucros e perdas é um excelente exemplo disso. Enquanto estiver ocupado avaliando tudo, você não conseguirá formar relacionamentos com pessoas verdadeiramente boas. Será incapaz de viver uma vida boa, de criar um feliz e esplêndido caminho para si.

Há outra expressão zen, *Hogejaku*, que significa "deixe tudo de lado". Certamente a primeira coisa que devemos deixar de lado é a preocupação com lucros e prejuízos.

Quando fazemos isso, podemos ver mais claramente as coisas importantes da vida.

PARTE CINCO

TRANSFORME A SUA MANEIRA DE ENCARAR AS COISAS, E A SUA VIDA SERÁ BEM MELHOR

Sobre dinheiro, envelhecimento, morte e mais.

41

DINHEIRO

O desejo por mais apenas torna tudo mais difícil.

Estas são as palavras de Buda: "O desejo humano é tão grande que, mesmo que os Himalaias fossem transformados em ouro, não seria suficiente."

O desejo humano é infinito, sem limites.

A manifestação clássica do desejo é o dinheiro. Nossa busca por ele não tem fim. Se queremos alguma coisa, economizamos para comprá-la. Mas, quando a conseguimos, logo desejamos outra coisa ou algo de melhor qualidade. E, assim, queremos cada vez mais dinheiro.

Mesmo quando não desejamos nada em particular, ainda vamos em busca do dinheiro. Somos coagidos por ele, somos movidos por ele. Dificilmente esse será um caminho para a liberdade.

Podemos pensar que vivemos para fazer aquilo de que gostamos, trabalhando duro com as nossas habilidades e contribuindo de alguma forma para a sociedade. E podemos ganhar algum dinheiro por fazer isso.

Mas não devemos viver em função do dinheiro. Vivemos para trabalhar duro com aquilo que apreciamos e contribuir com a sociedade; não para acumular dinheiro. Quando esses valores são invertidos, a vida se torna vazia.

Existe um preceito que diz: "Deseje pouco e conheça o contentamento". No Sutra dos Ensinamentos Legados que Buda apresentou no seu leito de morte, eis o que ele ensinou sobre desejar pouco e conhecer o contentamento:

"Quem conhece a satisfação, mesmo deitado no chão, se sente confortável e tranquilo. Quem não conhece a satisfação, mesmo morando em um palácio, ainda não estará satisfeito. Quem não conhece a satisfação, mesmo que seja rico, é pobre."

Se você vive pensando, "Tenho o bastante, sou grato", mesmo que a sua casa seja modesta e as suas refeições sejam simples, você será rico em espírito. Mas, se vive pensando, "Nunca estarei satisfeito com o que tenho", mesmo que more em uma mansão e se delicie com refeições fartas, o seu espírito permanecerá árido.

Você pode comprar todos os itens de marca que quiser, mas nunca ficará satisfeito. Quando o próximo modelo for lançado, vai se distrair com a necessidade de adquiri-lo — algumas pessoas podem até cometer um crime por causa disso. Sua existência se torna miserável.

Se você não prestar tanta atenção às marcas, ficará satisfeito apenas com as coisas que te agradam, e, ao aproveitá-las, irá se afeiçoar mais a elas. Não será distraído por todos os produtos que competem pela sua atenção.

Os japoneses têm uma máxima: "Ao acordar, meia esteira; ao dormir, uma esteira; ainda que você governe o mundo, de quatro a cinco tigelas".

Não importa o quanto você seja incrível, quando está acordado, todo o espaço de que precisa é meio tatame; quando está dormindo, um tatame inteiro; e não importa quanto status e influência você possa ter, tudo o que você precisa para uma refeição é de quatro a cinco tigelas pequenas.

Basicamente, isso é o bastante para a existência humana. Então, você será aquele que conhece a satisfação, ou aquele que nunca consegue se satisfazer?

Qual caminho você vai escolher?

42

ENVELHECENDO

*Quanto mais você for capaz de perdoar,
mais feliz você será.*

"Ultimamente, parece que ando perdendo força física..."
"Tenho menos energia do que antes..."
Conforme ficamos mais velhos, nós podemos, assim como as árvores, acumular mais anéis de crescimento, por assim dizer, mas isso não significa que a nossa satisfação com a vida também vá aumentar.

Na verdade, quando as pessoas chegam perto da idade de se aposentar, costumam ter uma sensação de vazio. O que geralmente acontece é que elas param de fazer coisas e passam o dia vendo televisão, tornando-se muito menos ativas.

Algum tempo atrás, as pessoas costumavam chamar homens que haviam se aposentado do trabalho de "folhas molhadas caídas". Antes guerreiros corporativos, eles agora se apegavam à esposa como folhas no chão que, quando molhadas, parecem impossíveis de desgrudar.

Pode ser difícil envelhecer. No entanto, se aposentar do trabalho não significa se aposentar da vida. Em vez de lamentar a sua idade, por que não tenta descobrir os benefícios que vêm com o envelhecimento?

Quando vive uma vida longa, você acumula uma fortuna de experiências que enriquecem a sua existência e o capacitam para perseverar em meio a dificuldades e lutas.

Cada uma dessas experiências exercita a sua mente, fazendo de você um espírito mais generoso. Coisas que você não teria tolerado na juventude agora podem ser superadas com a seguinte constatação: "Bem, acontece". Maneiras de pensar que dificilmente seriam aceitas agora se tornam mais fáceis de ser respeitadas — "Entendo, essa é uma maneira de ver as coisas". Com esse espírito generoso, você inevitavelmente irá se abrir para mais experiências, o que é uma das maiores dádivas do envelhecimento.

Existe um ditado que vem de *Goto Egen*, uma historiografia da seita zen estabelecida no período da dinastia Song na China. Ele fala sobre como, à medida que ficamos mais fracos com a idade, também nos tornamos mais lânguidos; não estamos mais ligados a este mundo transitório; sem obsessões ou preocupações, não desfrutamos de maior prazer do que admirar as colinas verdejantes enquanto nos deitamos para descansar.

Este é o resumo de um espírito generoso. À medida que envelhecemos, podemos nos sentir frustrados ou ansiosos porque ficamos nostálgicos pensando na juventude perdida. Porém, por mais que tentemos resistir, não há nada que possamos fazer. Devemos simplesmente aceitar o envelhecimento e adotar uma atitude tranquila.

A autora Seiko Tanabe reflete: "Aprender mais sobre as pessoas não é um dos prazeres do envelhecimento?".

Com uma riqueza de experiência e conhecimento, pode ser um prazer observar as gerações mais jovens. Vamos despertar essa generosidade de espírito.

43

A LONGEVA IDADE

*Os ensinamentos zen para manter a aparência,
a postura, a respiração...*

Costumo dizer: "É importante filosofar sobre a longevidade". Mas filosofar sobre a longevidade não é o mesmo que se render a ela.

Pense na sua aparência e no seu asseio, por exemplo. Algumas pessoas podem passar a maior parte do tempo em casa usando roupas esportivas. Porém, isso é melhor do que usar pijama, e talvez elas troquem de roupa quando saem.

A nossa aparência influencia o nosso estado de espírito. Quando estamos arrumados, ficamos um pouco mais eretos. Nessa postura, o nosso peito se expande, e respiramos mais profundamente, o que também nos dá mais energia mental.

Outra coisa a considerar conforme envelhecemos é a vantagem de desenvolver um senso de humor. O humor pode aliviar a tensão e alegrar as pessoas. Também funciona como um lubrificante social.

É preciso ter uma mente flexível para acrescentar humor às conversas. Isso encoraja você a se manter atualizado sobre o que está acontecendo no mundo e ajuda a manter uma perspectiva mais atual.

Quando Danshi Tatekawa, o famoso contador de histórias em quadrinhos *rakugo*, era jovem, ele foi à praia com outro mestre *rakugo*, o falecido Enraku Sanyutei. Tatekawa-san olhou para o mar e percebeu que Enraku-san estava longe da costa e em perigo de afogamento. No entanto, em vez de tentar resgatar o mestre, Tatekawa-san apenas se sentou, assistindo tranquilo a Enraku-san se afogar.

Alguém foi ao socorro de Enraku-san, que, como previsto, repreendeu Tatekawa-san. "Por que você não tentou me ajudar?", perguntou. Dizem que Tatekawa-san respondeu, impassível: "Se nós dois morrêssemos, teria sido o fim do mundo *rakugo*. Imaginei que, se pelo menos eu sobrevivesse, ele poderia ser preservado".

Ao imaginar essa cena, você não sente os seus lábios relaxarem e esboçarem um sorriso? O clima fica mais suave, não é?

O humor tem um poder extraordinário.

Como eu disse antes, a essência do zen é a prática. Então não fique com medo de ser ridicularizado por fazer "piadas de tio" — apenas comece a expressar as suas próprias tentativas de humor.

44

AMOR

Até mesmo no amor, a moderação é o caminho.

O que eu tenho a dizer sobre o amor pode ser um pouco constrangedor, mas vou tomar coragem e tentar expressar os meus pensamentos sobre o assunto.

No amor, devemos nos lembrar do ensinamento de Confúcio *Hara hachi bun me*, ou "Barriga oito partes cheia", o que significa que devemos comer até estarmos oitenta por cento satisfeitos.

O que quero dizer é: não espere que o seu parceiro seja perfeito.

Quando estamos no auge do amor, fazemos de tudo para tentar nos identificar com o nosso parceiro. Queremos que ele nos conheça por completo, e da mesma forma desejamos conhecê-lo de forma absoluta. No entanto, a possibilidade de saber tudo sobre um ser humano — onde nasceu, o ambiente em que cresceu, a educação que recebeu, as pessoas com quem se envolveu — e compreendê-lo completamente é impossível.

Somos todos diferentes. Não devemos nos esquecer disso. Se você e o seu parceiro conseguem saber oitenta por cento um sobre o outro — isto é, se aceitarem que oitenta por cento é o suficiente —, é provável que isso seja benéfico

146

para o seu relacionamento, e que vocês encontrem o equilíbrio ideal.

Vinte por cento do seu parceiro ainda será um "território inexplorado". O mistério e a incerteza irão sustentar seu interesse (e a sua afeição) por ele. A compreensão absoluta não existe, e, mesmo que existisse, o frescor e a atração que você sentiu quando se conheceram não desapareceriam?

Se você entende apenas cinquenta por cento do seu parceiro, o relacionamento tende a ser mais difícil. "Ele é muito diferente de mim", você pode muitas vezes se ver dizendo.

A aparência é um fator decisivo no início de um relacionamento. No começo, você se sente atraído a alguém por considerá-lo adorável, sedutor, charmoso ou bonito. Seja o que for, porém, que os une, se você perceber como os seus valores diferem, é uma boa ideia fazer uma pausa. Se decidirem se casar apenas por causa das suas primeiras impressões, as diferenças de valores podem causar rachaduras ou fissuras no seu relacionamento.

Por exemplo, as atitudes relacionadas ao dinheiro — um de vocês pode ser do tipo que economiza e gasta com cautela, enquanto o outro, como diz o ditado, gasta o pagamento antes que o dia termine. Se você conseguir manter a mente aberta, a princípio a diferença provavelmente será tolerada, mas a sua paciência não vai durar para sempre. Em pouco tempo, as atitudes de ambos irão colidir, e você estará a caminho de uma separação.

O mesmo acontece com a gestão do tempo. Se alguém que gosta de passar seus momentos de lazer relaxando e ouvindo música ou lendo vive com alguém que prefere passar o dia fora de casa, fazendo compras e indo a restaurantes, é fácil concluir que haverá atrito.

Ou, na hora das refeições: se uma pessoa adora alimentos ricos em calorias e em gordura, enquanto a outra gosta de refeições simples e frescas, é improvável que possam desfrutar de muitas refeições juntas.

"O amor é um belo mal-entendido, e o casamento é uma cruel compreensão." Se no turbilhão do amor você conseguir se lembrar da regra de oitenta por cento da "barriga oito partes cheia", poderá provar que o ditado está errado.

45

CASAMENTO

Palavras de apreciação edificam um bom relacionamento.

Casais que estão juntos há muito tempo tendem a ter cada vez menos assunto. Cada parceiro pode começar a considerar a existência do outro quase como parte do ar ao seu redor, ainda mais quando não há nada particular que precisa ser comunicado. Assim como nos solitários dias de antigamente, quando as únicas três palavras que um marido pronunciava dentro de casa eram "banho", "jantar" e "cama", e quase dava para ouvir o vento soprando pelas rachaduras do frio casamento.

Eis o que uma esposa tem a dizer: "Há muita conversa na minha casa, mesmo que a maior parte seja reclamação. O chefe disse isso, o cliente fez aquilo... O que eu sei é que falar de trabalho é uma forma de ele aliviar o estresse, mas para mim, que sempre, sempre tenho que escutar, é cansativo, sabe".

Acho que ela tem razão. Talvez nesse caso ainda valha o velho ditado: "É melhor que o marido esteja saudável, mas fora de casa".

No entanto, reflita um pouco mais sobre isso. O que significa se o seu parceiro reclama sempre? Ele não pode sair reclamando com qualquer pessoa — por exemplo, não pode dizer essas coisas no escritório, não é?

Mesmo que tenha alguém no trabalho com quem possa reclamar, seria arriscado fazer isso. Ou a pessoa com quem ele reclama pode dizer: "Eu não quero ouvir mais nada. Se você está tão infeliz, por que não pede demissão?". A imagem típica de um marido fora de casa é aquele que sorri e suporta tudo, não importa o quanto ele guarde dentro de si.

Ser a pessoa com quem o seu parceiro pode reclamar é um demonstrativo de que ele confia em você. É como uma declaração de que ele se sente confortável abrindo o coração para você, e que se sente seguro o suficiente para fazê-lo. É possível que, com isso em mente, você já não se incomode tanto?

Existe uma palavra no zen — *ro* — que se refere ao estado de estar completamente exposto e desprotegido, sem nada a esconder. No universo da cerimônia do chá, que está profundamente ligado ao zen, o espaço aberto do jardim que circunda a casa de chá é chamado de *roji*.

O *roji* é um espaço que nos permite sermos nós mesmos. À medida que caminhamos em direção à casa de chá, vamos expondo a nossa natureza. Antigamente, as pessoas nasciam com títulos ou ocupavam posições na sociedade, como samurai, poeta, comerciante. Para cada um desses títulos havia uma armadura apropriada de acordo com a posição social.

O propósito do *roji* é servir como um lugar que diz "Por favor, entre aqui e deixe lá fora o que se prende a você". Quando você se livra das coisas que se prendem a você, a sua natureza original é revelada, e, ao adentrar a casa de chá, que representa um domínio de Buda, você ultrapassa as fronteiras da posição ou classe de coração aberto... Este é o mundo de *chanoyu*, o Caminho do Chá idealizado pelo grande mestre Sen no Rikyu.

Reclamar parece algo muito diferente do Caminho do Chá, mas, assim como este, também é o caso de se desnudar e dar voz à sua verdadeira natureza, permitindo que você expresse confiança no seu parceiro em uma erupção de sentimentos genuínos. Não seria boa ideia responder com "Lá vem ele de novo!".

Reclamar com alguém é uma expressão tácita de confiança, que deve ser compreendida pelo ouvinte. É melhor transmitir confiança de forma aberta e explícita.

Você pode chegar em casa com uma expressão de aborrecimento no rosto, e nem você nem seu parceiro dizerem uma palavra um ao outro enquanto assistem TV antes de irem para a cama. Mas, se anunciar "Cheguei em casa!" quando entrar pela porta, o seu parceiro poderá receber você e perguntar como foi o seu dia.

O zen é uma questão de ação e comportamento. Confiar em alguém não é o bastante — é importante agir de forma que transmita essa confiança.

Uma maneira de fazer isso é expressar sua gratidão quando alguém lhe servir uma refeição ou uma bebida. Ou, se for preciso fazer compras no supermercado, consultar o outro antes, e se oferecer para ajudar, demonstra consideração. É hora de começar a criar um ambiente no qual você possa expressar abertamente as suas queixas, fazendo com que o seu parceiro esteja ciente de que você está fazendo isso porque ele tem a sua confiança, pela qual você é grato.

46

FILHOS

*A parentalidade superprotetora planta sementes de
preocupação.*

O relacionamento entre pais e filhos mudou muito ao
longo dos anos.

Talvez a maior diferença seja em relação à proatividade
dos pais. No passado, as famílias tinham muitas crianças e
eram mais pobres, então os pais não conseguiam se envolver
muito na vida dos filhos. Não era incomum que a irmã ou
o irmão mais velho ficassem encarregados dos mais novos,
cuidando deles em vários aspectos.

As crianças mantinham certa distância dos pais, o que
lhes permitia alcançar a independência. Além disso, as bri-
gas entre irmãos suscitavam o conhecimento crítico da ordem social hierárquica confucionista entre os membros
mais velhos e mais jovens, e incutiam a consideração para
com os mais fracos.

Com o declínio na taxa de natalidade, os pais podem
estar cada vez mais envolvidos na vida dos filhos. E com a
intensa competição, quase desde o nascimento, para preparar as crianças para o sucesso, parece comum que um bom
filho ou uma boa filha, principalmente aqueles que são es-
tudiosos, tenham pais que façam tudo por eles.

Incapazes de tomar as suas próprias decisões e agir de
acordo com elas, sempre aguardando instruções antes de

dar um passo... não há dúvida de que essa tendência dos jovens de hoje decorre da dinâmica de infantilização entre pais e filhos.

Eis uma história incrível sobre um estranho incidente que ocorreu em um departamento de polícia no sul de Tóquio. O novo chefe de polícia chegou para assumir o seu posto, e a equipe do departamento se reuniu para recebê-lo. Quando estava prestes a fazer as suas primeiras considerações, a mãe dele pegou o microfone, sem prestar atenção no homenageado, e começou a fazer um discurso sobre o filho. Imagine como as pessoas ficaram chocadas.

Mãe é mãe e filho é filho. Mesmo que uma mãe não possa deixar o filho sair sozinho, mesmo que ela sempre insista em ir com ele, ela não deveria ter o bom senso de saber que aquilo não era apropriado? E não teria sido razoável que o filho dissesse "O que você está fazendo?" e reivindicasse a sua autoridade? É quase inacreditável que um indivíduo bem-sucedido não tenha feito nada, e tenha se comportado como um garotinho na frente de dezenas ou mesmo centenas de policiais.

Não quero dizer que isso é um episódio comum, mas eu não ficaria surpreso se esse tipo de coisa acontecesse em outro lugar. A parentalidade superprotetora só intensifica o problema. As crianças crescem mimadas.

No budismo, existe o que chamamos de "três venenos" — ganância, raiva e ignorância —, que representam as tentações mundanas que devemos vencer. Outra forma de chamá-los, respectivamente, é "um coração cobiçoso", "um coração raivoso" e "um coração insensato".

A parentalidade superprotetora é tóxica — uma expressão da ignorância.

O budismo diz: "Pensar que você tem riqueza porque tem um filho é o que traz sofrimento ao tolo. Nós não possuímos nem a nós mesmos, então como podemos possuir um filho ou riqueza?".

Se você tirar da sua mente a ideia tola de que possui os seus filhos, desfrutará de um relacionamento revigorante, apropriado e feliz com eles.

47

MORTE

Devemos deixar a nossa morte nas mãos de Buda.

À medida que envelhecemos, podemos não gostar de admitir que a morte chega mais perto de ser uma realidade. Sentimos com mais veemência quando nos aproximamos da idade que os nossos pais tinham quando faleceram.

Até então, provavelmente comparecemos a funerais dos pais de amigos, conhecidos e colegas de trabalho. As palavras de pêsames que expressamos foram significativas, mas suspeito que não tenhamos sentido profundamente o iminente espectro da morte naquele momento.

"Eu estive em vários velórios, onde ofereci as minhas condolências, mas nunca tinha entendido realmente como era para a família em luto. Apenas com a morte de um dos meus pais eu compreendi o que é perder alguém importante."

Muitas vezes ouço esse tipo de comentário. A morte parece real quando um dos seus pais faleceu, e a idade da morte deles também se torna um marco para a sua vida. "Ah, a vida que resta é como um excesso."

Foi assim que aconteceu com o meu pai. As idades em que os pais dele morreram se tornaram um marco. Ele viveu ao máximo até aquele ponto, mas, depois disso, acho que aceitou com gratidão o tempo restante como "o que estava sobrando".

155

Quando atingimos a idade em que os nossos pais faleceram, podemos pensar: "Ah, em breve será a Véspera de Ano-Novo da minha própria vida".

O *Shushogi* — o Significado da Prática e Verificação — é um texto de importantes excertos do *Shobogenzo* destinado a tornar os princípios do budismo Soto Zen mais fáceis de serem entendidos pelos leigos. Há cinco seções, cada uma com 31 parágrafos. A primeira começa assim: "A questão mais importante para os budistas é o esclarecimento completo do significado de nascimento e morte".

Dogen Zenji também disse: "Quando estamos vivos, devemos viver completamente. Quando morremos, devemos morrer completamente".

Você pode se perguntar: por que o zen sempre complica as coisas? Mas isso não é tão difícil. Enquanto estivermos vivos, pensar na morte gera ansiedade e medo. É porque concebemos a morte como o fim da vida, uma extinção dela.

Existe uma expressão zen que diz: "Não julgue o passado ou o futuro". Cada momento existe por si mesmo, sem nenhuma relação com o que veio antes ou o que vem depois. A vida e a morte são cada qual um absoluto próprio. A vida não é um movimento em direção à morte, e a morte não é o fim da vida.

Viver completamente é cumprir o absoluto desta vida aproveitando-a da melhor forma que puder. Como não temos controle sobre a nossa morte, devemos confiá-la a Buda. Se vivermos plenamente, o absoluto da morte acontecerá de maneira natural. Isso é morrer completamente. Foi isso o que Dogen Zenji quis dizer.

Enquanto estiver vivo, dedique-se apenas a viver. Não existe ansiedade ou medo da morte nisso.

Já falei de Ekiho Miyazaki, que viveu até os 106 anos, e, mesmo depois dos cem, manteve as mesmas práticas ascéticas dos jovens monges. Ele disse: "As pessoas se perguntam quando é um bom momento para morrer e pensam: 'Depois que eu for iluminado', mas isso está errado. Viver pacificamente e com serenidade, isso é a iluminação. Não é difícil viver em paz e com compostura. Quando chega a hora de morrer, é melhor morrer. Enquanto é tempo de viver, é melhor viver em paz e com compostura".

Para mim, a ideia de Miyazaki Zenji de viver "em paz e com compostura" é o mesmo que a ideia de Dogen Zenji de que "devemos viver completamente".

Não há dúvida de que isso é realmente difícil, mas é o estado a que devemos aspirar. Além dele, está a serenidade absoluta da morte.

48

O FIM

Por quais palavras você será lembrado?

Enquanto você se prepara para encarar o fim, por quais palavras você gostaria de ser lembrado?

No momento da sua morte, um dos membros da minha comunidade decidiu nos deixar com *"Banzai!"*. Essa única palavra, que significa "vida eterna e prosperidade", resumiu tudo o que ele havia realizado, e uma vida em que ele não deixou nada para trás.

Mas isso não é o suficiente. Dizem que as últimas palavras do famoso monge líder Sengai, que viveu durante o período Edo do Japão (1603-1868), foram: "Eu não vou com a morte".

Sengai era conhecido pela falta de inibição. Ele compôs um poema satírico e muito sarcástico sobre o governo do vassalo-chefe do *daimyo*: "Não vai acabar bem para o vassalo que pensa que está tudo bem. O vassalo anterior achava que estava tudo bem".

Então os discípulos de Sengai não sabiam se deviam levar as suas últimas palavras a sério. Eu mesmo me pergunto se não havia algum significado mais profundo nelas.

Era costume dos monges zen, no início de cada ano, praticar a composição de *yuige*, poemas de morte que refle-

158

tiam o seu estado de espírito. Essa tradição desapareceu, mas imagino que alguns dos *yuige* possam ter servido como as palavras finais dos monges.

Meu próprio pai deixou um *yuige*:

> *Limpe o terreno onde as ervas daninhas se foram, a grama faz*
>   *caminho para a terra pura*
> *Esses oito e sete anos, esses oito e sete anos*
> *Esgotando a minha saúde, apenas para servir em Kenko*
> *Shiho pretendia, no zen, trilhar o caminho com fé, em direção à*
>   *tranquilidade e paz*

Ele incorporou ao poema o seu próprio nome, Shiho, assim como o nome do templo, Kenkoji, onde serviu como sacerdote principal. Não posso deixar de pensar que os sentimentos que o meu pai teve sobre a sua vida são refletidos no seu *yuige*.

Escreva sobre os seus sentimentos a respeito do seu estado de espírito no início do novo ano. Não é necessário que eles incluam reflexões sobre a morte. Você pode escrever sobre as suas resoluções — quais são as suas esperanças para o ano que chega, como você gostaria de vivê-lo. Quaisquer pensamentos que surjam para você enquanto vira o calendário.

Eis outra opção. Todos os anos, em 12 de dezembro, há uma cerimônia no Templo Kiyomizu em Kyoto na qual eles anunciam o "Kanji do Ano", ou seja, aquele que é votado como representante do ano anterior. No início do ano, você pode escolher uma palavra que represente o seu estado mental naquele momento.

Não sabemos quando a morte acontecerá, mas, sendo humanos, ela virá para todos nós. Quando esse momento chegar, o que os entes queridos que ficaram para trás mais vão querer saber é quais eram os sentimentos dos seus queridos falecidos.

"Ah, é isso que ele estava pensando? Foi isso que ele sentiu?"

Se pudéssemos ter apenas um vislumbre do que aqueles que perdemos estavam pensando, ao ver o que escreveram no início do ano, seria muito mais fácil nos despedirmos deles nos nossos corações. É o que eu penso.

Considere fazer do seu próprio *yuige* uma tradição anual.

ÍNDICE DE ZENGOS
OU PROVÉRBIOS ZEN

Olhe com cuidado para o que está sob os seus pés. (Prefácio, p. 10)

Coma e beba de todo o coração. (Prefácio, p. 10)

Não iluda a si mesmo. (Capítulo 1, p. 15)

Depois que somos iluminados, não existem favoritos. (Capítulo 1, p. 16)

More na sua respiração. (Capítulo 2, p. 18)

Caminhar de mãos dadas. (Capítulo 4, p. 26)

Mude a sua perspectiva. (Capítulo 6, p. 31)

Para cada sete vezes que você correr, deve se sentar uma vez. (Capítulo 10, p. 43)

A iluminação espiritual só é alcançada através da experiência. (Capítulo 13, p. 54)

Transforme o chão em ouro. (Capítulo 15, p. 60)

A nuvem não tem individualidade; a montanha não consegue desfazê-la. (Capítulo 16, p. 63)

Mesmo quando os oito ventos sopram, não se deixe perturbar. (Capítulo 18, p. 70)

O velho furador vem a calhar. (Capítulo 22, p. 81)

Todo dia é um bom dia. (Capítulo 23, p. 84)

Todas as coisas vêm do nada. (Capítulo 25, p. 89)

Uma mente flexível. (Capítulo 27, p. 94)

A iluminação não depende das palavras ou da escrita, e o despertar espiritual só pode ser alcançado através do discernimento intuitivo. (Capítulo 28, p. 95)

A mente comum é o melhor caminho. (Capítulo 29, p. 98)

Volte para casa e se acomode com tranquilidade. (Capítulo 30, p. 102)

Ichi-go ichi-e: Uma vez na vida. (Capítulo 31, p. 108)

Cada passo é um lugar para aprender. (Capítulo 32, p. 111)

Rosto afável, palavras amorosas. (Capítulo 33, p. 114)

Quando vir uma flor, saboreie a flor. Quando vir a lua, saboreie a lua. (Capítulo 35, p. 120)

Menju: Face a face. (Capítulo 37, p. 126)

Abra o portão e irá encontrar longevidade e felicidade. (Capítulo 38, p. 128)

A brisa fresca afasta o luar resplandecente, e o luar resplandecente desfaz a brisa fresca. (Capítulo 39, p. 131)

Hogejaku: Deixe tudo de lado. (Capítulo 40, p. 135)

Não julgue o passado ou o futuro. (Capítulo 47, p. 156)

SOBRE O AUTOR

Shunmyo Masuno é mestre de um templo zen-budista de 450 anos no Japão, paisagista premiado de jardins zen com clientes no mundo inteiro e professor de design ambiental numa das principais escolas de arte japonesas. Já foi palestrante em inúmeras instituições, como a Escola de Pós-Graduação em Design de Harvard, a Universidade Cornell e a Universidade Brown.

TIPOGRAFIA Adriane por Marconi Lima
DIAGRAMAÇÃO Osmane Garcia Filho
PAPEL Pólen Soft
IMPRESSÃO Geográfica, outubro de 2022

A marca FSC® é a garantia de que a madeira utilizada na fabricação do papel deste livro provém de florestas que foram gerenciadas de maneira ambientalmente correta, socialmente justa e economicamente viável, além de outras fontes de origem controlada.